Inhalt.
*

ANNE BERESFORD
Zehn Gedichte

Aus dem Englischen übersetzt von Jürgen Brôcan

DAS FAHLE LAND

Volk erklimmt hohe Orte zur Klage
um die Rauchwolken,
das Meer brüllt weit draußen
im Osten, Westen, Osten —
bisher geschieht nichts.

Ich lausche dem Regen vor der Tür,
höre das Brummen der Heizung,
es ist warm genug, die Welt ist behaglich.
Licht fällt auf uns zwei.

„Was ist dahinter?" fragst du.
Natürlich der Garten,
jetzt verwilderter, ein Hafen für die Wilden.
„Und dahinter?"
Oh, das Dorf,
die Kirchturmuhr läutet die Stunden,
Kneipe, Geschwätz im Laden.

Du schaust, willst weiter sehen,
weiter, wo die gerade weiße Straße
hinaus und fort führt.
Regen, Dunst tilgen die Sicht,

trüber ist mein Geist.
Ein Fehler, auszuschauen nach dem Glück,
es kommt und geht
wie sich die Langschwanzmeise wiegt
auf dem sich leerenden Birnbaum —
ich habe versucht, sie zu halten
und erzähle nun dieselben alten Lügen,
die man auf dieselbe alte Weise glaubt.

Nicht einmal durch meine Augen
wirst du den Zweig mit Herbstblättern sehen —
sieben, tiefrot vorm Gewirr der Buddleia.

Keine Worte erreichen dich,
keine Regentropfen berühren dich,
du hast die weiße Straße eingeschlagen,
die ins fahle Land führt,
und es ist zu weinen erlaubt,
während man lernt, Jahre zu zählen, nicht Tage.

ERSTE SCHRITTE

Gekommen ist er
durch den Gürtel des Orion,
vertraut mit den Enten
die er oft gesehen hat
im bestirnten Wasser.

Hellwach im Sarkophag
hat er den Flug
der Wildvögel beobachtet
und ihrer Reise nachgegrübelt.

Jetzt
stürzte die Erinnerung erdwärts
in einer Welle Sonnenlichts

berichtete ihm
daß Gehen eine Art zu leben war
und er lächelte durch Baumwollhüllen,
überrascht, daß er lachen kann
übers erneute Jungsein.

ORPHISCHES NACHTSTÜCK

Er wanderte wie schon oft
über den rauhen Pfad,
zum Ort, den Gott erschaffen hat.

Stillster Nachmittag,
Hitze vertrieb das andere Volk.
Allein konnte er nachdenken,
Narzisse, Orchidee,
oder auf die grüne Eidechse warten
die sich vorwagte unter den Steinen.

Er war schließlich
seine eigene Gesellschaft gewohnt —
es gab eine Zeit, in der Stille ihn bedrückt hatte,
als er begierig auf den Klang
ihres Schrittes lauschte
oder dem Geflüster ihrer Stimme.

Jetzt waren Vogelsang
und das raschelnde Laub
die einzigen Gefährten, die er brauchte.

Beim Erwachen konnte er
vom Bett aus
den Gipfel des Berges sehen, wo Felsen
die Gestalt einer Feste annahmen,
einst hatte sie ihm Geschichten erzählt
von einem verwunschenen Schloß.

An diese Geschichten erinnerte er sich,
als er zu Gottes Ort wanderte
und der Kuckuck sein Gelächter widerhallen ließ.

Auch sie war auf diesem Pfad gegangen,
hatte gehalten, um ihre Füße
in dem Fluß zu baden
und auf den Bussard gedeutet
wie er schwindelerregend eintauchte
zwischen die Berge.

Und Farben —
sie lebte in einem Land der Farben,
sie wuchs auf in Feldern aus Violett, Rosa, Blau
in leichter Luft wie reinigendes Licht.

Und wie so oft
drehte er
sich rasch um
in der kleinen Hoffnung, einen Blick auf sie zu erhaschen.

Selbst als er anhielt,
verstörte ihn die seltsame Präsenz,
als stünde sie,
wie sie das immer getan hatte,
dicht hinter ihm.

PSYCHE

Obwohl sie „eine willige Braut des Todes" wurde,
ist sie nicht gesprungen,
hat niemand sie von den Klippen gestoßen

Eine „sanfte Brise", wie sie sagten, hat sie geweht
Solch ein wunderbares Gefühl, zu treiben
durch die weiche Luft,
bis sie in duftendem Frieden lag

So dachte sie daran
so begann es

Dann der Klang von Flügeln
die liebende Dunkelheit

Sie hatte sich niemals zur Einsamkeit bekannt

Erst später
trennte sie rote von weißen Beeren
und weiße von schwarzen
Himbeeren von Loganbeeren —
gewissenhaft gründlich,
die Finger befleckt

Ja, das war damals,
als ihr die Misere richtig bewußt wurde
und sie sich fragte, wo Amor war
oder ob es ihn jemals gab

Und noch später,
als sie über ihrem Nektarkelch weinte
im Wissen, daß sie nur
ein unbekannter Seidenfaden
zwischen den Göttern bliebe

FÜR DINAH, DIE FROH IST, DASS GOTT NICHT IN IHREM GARTEN IST

Sonne durchbricht die Wolken,
die Wärme des Spätnachmittags umfängt den Garten.
Eine Symphonie der Bienen, Fliegen, Vögel
stimmt in das Rascheln des Laubs ein,
und ich denke an dich, wie du im Obstgarten liegst und döst.

Eine Phantasie meinerseits,
denn du bist in London,
trinkst wahrscheinlich Tee in deinem eigenen Garten,
froh über eine Verschnaufpause von der Arbeit
und abgeschirmt vor dem Verkehrslärm.
„Bitte keine himmlischen Besucher"
steht nachdrücklich an deinem Tor.

Und doch —
wir suchen dasselbe,
Utopia, Gott,
was ist ein Name?
Wir preisen Butterblume, Fingerhut,
erkennen das *Wort*,
unsere Gebete mischen sich unter die Mohnfelder,
die Buddleia wächst aus zerbröckelten Mauern.

DICHOTOMIE

Vielleicht ist es die Dunkelheit,
die Spaltung der Seele
oder die Wirren der Einsamkeit
an einem von Leben wimmelnden Ort

Manche behaupten, es sei Schwäche,
alles von zwei Seiten zu sehen,
doch ich schlage noch immer den Mittelweg ein

In deinem Gesicht — Gelassenheit,
in deiner Anwesenheit
gewöhnliches Tun von einem Tag zum andern —
es wird erleuchtet

Mit dir einkaufen im Supermarkt,
Abendessen auf dem Balkon, Kerzen,
um die Mücken zu vertreiben,
Augenblicke, die mir wichtig wurden im Gedächtnis
das um ein Begreifen ringt

Teilzunehmen
an einer Welt menschlichen Grauens
und einer Vollkommenheit jenseits der Worte
ist fast schon ein Wunder

CREDO

Als der Morgenstern allmählich verblaßte,
hob eine Frau die Arme
um das Wunder der Schöpfung zu verkünden

Alle Dinge im Himmel,
unterm Meer
und auf Erden
sind, o Herr, ich stimme dir zu, verblüffend,
bis in kleinste Detail
ohne Verlust
und zurück zum Staub kehren wir gewiß.
Dein Plan für uns ist ein Rätsel,
wir bleiben in Zweifeln

Ich habe deine Existenz nie bestritten,
mich nur gewundert über das Böse und das Gute
das du kontrollierst,
gewundert, daß du teil hast am Leiden
das uns auferlegt ist
Seltsam und gefährlich sind Mammons Mächte,
ist das dein anderes Gesicht?

Nichts enthält nichts, doch du enthältst alles.
Die Möwen lachen, wenn ich um Verständnis bitte,
die Stare schwatzen untereinander,
erstaunt über meine Dummheit

In die Finsternis gieße ein wenig Licht,
denn der Weg, den du weist,
ist kaum breit genug für eine gehende Seele

In deinem verblüffenden Nichts
nimm meine Liebe mit ihren vielen Facetten,
unvollkommen und zuweilen lächerlich —
der dünne Faden, der mich an dich bindet —
laß ihn wachsen im berstenden Frühling,
im Herzen des Sommers,
der Trauer des Herbstes,
dem letzten Eis des Winters,
und dann sprich wieder:
Sie hat viel geliebt.

BESTIMMUNG

Niemand wird deine Träume stören,
niemand wird dich aus der Limousine zerren
während sie ins offene Land gleitet
über eine Straße voller Bäume
die anmutig sind in ihrer Wucht.

Licht und Dunkel sind eins,
Winde ringen nach Luft,
der Regen hört zu pochen auf.

Kein Zorn, kein Leid,
nur ein Geist, der mit Vergißmeinnicht verschmilzt,
schlafend in einem Meer aus Bläue.

NACHTLIED

Eine Krähe flattert über
die Dächer.
Alle Schornsteine von unterschiedlicher Höhe,
von unterschiedlicher Form.
Der Himmel ist schwer,
es wird einen Sturm geben.

Im Haus gegenüber
ist der Blumenkasten voller
halbtoter Geranien.
Eine Frau in blauen Schlappen
führt ihren Hund aus.

In den Ruß mischt sich der Geruch
von zwanzig Abendessen,
keins davon aufregend.
Wäsche hängt noch an der Feuerleiter
hinaus bei den Apartments.

Der Zug auf Gleis vier
fährt nach Orpington.
Mehr Leute kehren heim,
die Mauern rücken unmerklich näher.

LISTE FÜR DEN GÄRTNER

Da muß ein alter Apfelbaum gefällt werden,
Japanrosen sind auszugraben und wieder in die Hecke zu setzen,
überhängende Kirschbaumzweige zurückzuschneiden.

Dies ist eine Liste für den Gärtner, der nie kommt.
Jede Woche warten wir, daß er auftaucht.
Ist er jung, stark, hat helles Haar?
Oder alt, knorrig, mit grauen, im Bart verfitzten Locken?
Vielleicht zu alt, um die Axt zu schwingen, den Spaten zu heben,
doch am Tor könnte er lehnen und uns Geschichten
vom Leben im Dorf vor vielen Jahren erzählen.

So oder so, jetzt ist Winter, der Boden gefroren,
Schnee fällt. An einem solchen Tag erwartet man keinen
      Gärtner.
Wir müssen auf den Frühling harren, die überhängenden
      Zweige meiden,
die Löcher in der Hecke vergessen.
Wir machen eine neue Liste, die wir auf den Küchentisch legen.
Irgendwer wird sie finden und sagen:
Ist das der Anfang eines neuen Gedichts?

THOMAS JOSEF WEHLIM
Drei Erzählungen

JUNGE

Bis man dich findet. Es sind die Augen, die du nicht willst.
Er biegt ab. Auf die Tankstelle. Kauft einen Chip. Wash and Drive. Verlierst
du dein Sprechen? Danach Absaugmethode. Fünfzig Cent für zwei Minuten.
Einmal und dreimal. Nie weißt du, was bleibt hinter den Sitzen. Er hängt den
Saugrüssel ein.
Fahrt nach Hause. Er parkt den Wagen. Öffnet die Haustür. Zellen aus Frie-
den. Er wechselt die Schuhe. Betrachtet die Sohlen. Kein Schmutz ist für
diese Familie.
Er hört die Tochter, den Sohn im Garten. Letzter Sommer, letzter Herbst.
Das kindliche Fleisch, so wenig beleidigt es dich. Ein kalter Winter ist gut.
Gang zur Terrasse. Die Frau sitzt am Tisch. Der ›Du kommst spät‹-Blick.
Gemüse der Saison. Brot unter der Hand.
Wie war dein Tag?
Viel Ärger auf Arbeit.
Bösmann?
Ja, Bösmann. Quält Beschäftigte wie eine Schrottpresse verbrauchtes Metall.
Jeden Tag. Jede Nacht. Jedes Jahr dieses Fleisch.
Der Sohn kommt an den Tisch. Gesenkten Blicks. Muss dir was sagen.
Was denn, mein Junge? Schon wieder?
Ja, wieder.
Kriegst eine Fünf auch auf dem Zeugnis?
Weiß nicht.

Wir kriegen das hin. Niemand ging jemals verloren.

Der Sohn schießt den Fußball zum Nachbarn. Der Ball springt mit Gebrüll zurück.

Ein Kriegsfilm im Fernsehen. Die Frau geht ins Bett. Ein fremder Tod lenkt ab. Späte Nachrichten. Die Welt wird eine Schlinge. Riesenhaft groß. Am Ende jedoch. Nun kennt er den Namen.

Die Nacht ist ein brennendes Feld. Er windet sich wie ein verendendes Tier. Die Frau hebt den Kopf. Was ist denn los, Liebster?

Er hält inne. Das Tier ist verbrannt.

Es wird Tag. Erstes Licht durchschneidet den Vorhang. Er hat Stangen aus Eisen im Rücken. Nicht krankmelden. Drei Tassen starken Kaffee.

Hab schlecht geschlafen.

Bösmann?

Nicken hinter dem Becher.

Brauchst Hilfe.

Hat keinen Sinn. Und Tschüss.

Er steigt in den Wagen. Siedlungen. Dörfer. Menschheitsidylle. Die Straße gabelt sich. Vor einer Mauer. Er gibt Gas. Kracht auf die Mauer. Das Kupplungsgestänge durchbohrt seine Brust. Bis zuletzt hörst du das Gluckern des Todes.

Er fährt weiter. Ins Büro. Kundendienst heute nicht. Glotzen auf seinen Bildschirm. Mails. Pläne. Abrechnungen. Forward von Bösmann. Eine unzufriedene Kundin. Haben Sie ein Problem mit Frauen? Er muss zum Betriebsrat. Der sich nur wieder die Brille putzt. Kein Tag ging jemals zu Ende. Früher starrten sie auf Papier. Niemand sah dein Gesicht.

Am späten Nachmittag nach Hause. Abendessen mit Nachrichten. Hinweise aus dem Volk. Das kleine, gelbrote Fahrrad. Als er ein Kind war, hielt ein Auto neben ihm an. Steigst du ein und zeigst mir: den Weg nach Paradise? Die Mutter verbeulte dem Fahrer fast das Auto mit ihren Fäusten.

Narkotischer Schlaf für eineinhalb Stunden. Er steht auf. So still ist das Haus. Er verlässt das Bett. Das Atmen der Frau. Vorbei an den Zimmern der Kinder. Mein Junge, was hat man getan? Er nimmt ein Stromkabel aus einer Kiste.

Er wird ein Wanderer in veränderten Räumen. Terrasse. Garten. Tod ist ein technisches Wort. Ein Aststumpf zwei Meter über dem Rasen. Die Nacht wird das Zirpen der Grillen. Wärme, die an dir reibt.

Er geht wieder ins Haus. Er schläft zwei weitere Stunden.

Freitag. Frühstück. Kaffee. Morgen kann er im Bett bleiben. Eine Art Grippe. Wird werden schon wieder.

Er fährt zur Arbeit. Es gibt keine andere Passage. Dort, wo alles begann. Bösmann, der Triebtäter, schaut sich von jedem Dienstwagen das Fahrtenbuch an. Er fährt an dem Waldweg vorbei. Leben Wildschweine hier? In den Bäumen sitzen Späher mit grünen Gesichtern. Er wartet am Bahnübergang. Er steigt aus. Wandert das Gleis entlang. Ganze Völker wurden gezogen über Schotter und Stahl. Er hört das Vibrieren der Schienen. Den ersten Zug lässt er vorbei. Dann jedoch. Dieser Schlag. Wenn der Tod schneller zieht durch den Körper als aller Schmerz.

Er kommt nach Hause. Essen im Garten. Seine Frau, seine Kinder sind Geister. Es klingelt. Sagt Ihnen dieser Name etwas? Einst war es ein Kind. Er antwortet: Ich führe Sie hin.

Es ist der Nachbar. Die ständigen Bälle im Garten. Der Lärm. Ich zeige Sie an.

Tun Sie, was Sie nicht lassen können. Nein. Es wird nicht wieder vorkommen. Das Wochenende ist eine Insel. Den Samstag bleibt er im Bett. Legende der schmerzenden Glieder. Brettspiele mit dem Sohn. Junge, so schön ist dein Gesicht. Dein Atem. All deine Schuldlosigkeit.

Gottesdienst am Sonntag. Seine Frau singt im Chor. Kennst du den Knabensopran? Es ist, als würden Engel singen hinter den Mündern. Der Priester teilt das Abendmahl aus. Du gehst am Beichtstuhl vorbei.

Dies habe ich euch getan.

Sie müssen sich stellen.

Angst ist mein Schatten.

Christus war jener Andere, durch den alle Schuld wird: Ein Ufer.

Abendessen auf der Terrasse. Nachtisch. Die Tochter verschluckt sich an einem Bonbon. Läuft himmelblau an. Schnell klopft er auf ihren Rücken. Das Bonbon kommt hoch. Er hält das Kind in seinen Armen. Beschütze mich. Tränen stolpern ihm in die Augen.

Was ist denn mit dir?

Bösmann, Arbeit, all das zusammen.

Du musst zu einem Arzt.

Es gibt eine Ambulanz für solche wie ihn. Anonym. Liebst du das Kind? Was, wenn es schreit?

Der Abend verdunkelt sich. Gefängnisse sind ohne Terrassen. Sie werden dich schänden. Es gibt keine Wächter, keine Insassen. Nur Körper, die umhergereicht werden. Vor Jahren mussten sie einem Häftling die Beine abnehmen. Er trinkt zwei Gläser Rotwein. Christe eleison. Die Angst wird ein Vogel, der sich zum Himmel versteigt. Er hört aus der Ferne die Nachrichten. Zwei Dutzend Beamte. Sie sitzen in seinem Schlafzimmerschrank. Tragen die Masken der Nachbarn. Kinder dabei. Vor langer Zeit schrieb die Ärztin auf einen Zettel aus Rosa. Er öffnet die Schachtel. Die Frau muss ihn wachrütteln am Morgen.

Sein Gesicht ist ein Lehm, aus dem sich Nase, Ohren, Münder formen. Er fährt mit dem Taxi zur Arbeit. Die letzten einhundert Meter geht er zu Fuß. Zum Abendessen zurück mit dem Bus.

Er fragt die Frau: Willst du nach Holland zurück? Noch einmal von vorne beginnen mit mir?

Sie schaut ihn an. Der ›Du kommst spät‹-Blick.

War nur eine Idee.

Nach der ersten Woche: atme durch. Das Wort ›vielleicht‹ wird ein Schluck Wasser in heißem Sand.

Neun Tage später ein Granatsplitter haarscharf an seinem Hals vorbei. Kaliber: DNA. Männer aus siebenundzwanzig Orten. Das letzte Dorf ist drei Minuten entfernt.

Die Tage, Wochen stolpern wie trunkene Riesen über das Land. Es wird einen geben, der in den Keller geht und fragt: Was haben wir übersehen?

Der Winter kommt, der Winter stirbt. Frühling in den Gerüchten. Der Nachbar schreit wieder Fußbälle an.

Ein Donnerstag. Kundendienst weiter draußen. Auf der Rückfahrt sieht er ein rosa Fahrrad. In einen Waldweg biegen. Er fährt ein Stück weiter. Er schaltet runter. Er wendet. Alle Schuld wird ein Ufer. Du kannst nichts tun.

NACHLASS

Manche Familie gab es nie. Sie blieb ein Geist. Ein Wanderer, ohne Ziel, ohne Rast, ohne Tritt.

Der Beamte gibt mir einen Umschlag: »Für uns ist der Fall abgeschlossen.« Er schaut aus dem Fenster. Als würde es draußen schneien. »Ziehen Sie sich warm an. Es ist schon ohne Leiche schlimm genug.«

Ich frage: »Todesursache?«

»Schwer zu sagen«, nuschelt der Beamte in Richtung Fenster. »Unser Leichenmetzger sagt: Schlichtweg verhungert. Jedenfalls keine Fremdeinwirkung.«

Der Beamte klappt das Buch zu: »Machen Sie schnell. Das Haus ist ziemlich unruhig.«

Zwanzig Minuten Autofahrt. Dann bin ich da. Heute Abend habe ich eine anstrengende Probe. Doch wenigstens eine erste Durchsicht soll sein. Wenn man Schauspieler ist, braucht man ein Zubrot. Theater-Gage, Hungertod. Wie bei dieser 23. Leiche. Nebenberuflich.

Ein Acht-Parteien Mietshaus. Zweite Etage rechts. Namensschild: Friedrich Schmidt. Das Letzte, was dir der Tod lässt, ist dein Name. Es war dieser Geruch. Der sich unter der Tür hindurch quetscht und im Hausflur fest beißt. Bis auch die tote Ratte nicht mehr als Ausrede reicht.

Ich nehme den Schlüssel aus dem Umschlag. Das Licht des Hausflurs fällt in die Diele hinein. Ich mache zwei Schritte zurück. Es ist schon ohne Leiche schlimm genug. Ich schließe die Tür wieder. Von außen. Lieber eintausend Theaterproben als diese Wohnung.

Am nächsten Morgen komme ich wieder. Im Vorgarten steht ein Mann. Er starrt das Haus an. Als wolle er es schätzen. »Sind Sie das vom Nachlassgericht?«

»Ja«, sage ich.

Er fragt: »Wann kann ich die Wohnung räumen lassen? Und Ihnen die Rechnung schicken?«

Ich antworte wie trockener Wein. Säuerlich im Mund, rauchig im Abgang: »Ich teile Ihnen mit, wenn die Wohnung freigegeben wird. Im Falle geschäftsfähiger Erben regeln Sie bitte alles Finanzielle mit diesen. Andernfalls werden berechtigte Forderungen aus dem ggf. vorliegenden Nachlassvermögen durch das Nachlassgericht beglichen.«

Behördensprache ist wunderbar. Ein Deich, an dem alles Geschrei sich hoffnungslos bricht.

Der Hausbesitzer läuft an wie ein zerkochter Hummer: »Wissen Sie, was mich das alles schon gekostet hat? Mietausfälle, Mietminderung, Prozesskosten? Aber der Hausbesitzer ist ja immer der Böse, der arme Leute auf die Straße setzen will.«

Ich frage: »Wissen Sie, ob Herr Schmidt Angehörige hat? Oder Freunde?«

Der Hausbesitzer geht auf die Straße. Als wäre dies gar nicht sein Haus.

Ich gehe nach oben. Ich binde mir ein Gesichtstuch um mit ätherischen Ölen. Öffne zum zweiten Mal die Wohnungstür. Dieses Mal kann ich nicht wieder weg.

An beiden Seiten des Flurs stapelt sich bis an die Decke der Unrat. Säuberlich aufgeschichtet. Unter Ausnutzung jedes Kubik-Zentimeters. Ein schmaler Gang führt weiter. Als habe jemand mit der Machete einen Weg durch den Ausstoß einer Müllpresse gehauen. Alte Verpackungen. Essensreste. Kleider. Bücher. Flaschen. Bei einer Weltmeisterschaft gab es einen Argentinier mit dem Namen »Messi«.

Manche räumten seit Jahren nicht auf. Als käme es im Himmelreich darauf nicht an. Doch diese Wohnung ist nicht unordentlich. Sie ist ein Labyrinth des übrig Gebliebenen mit einem geheimen Plan. Erinnerungen. Chiffren. Symbole.

Das Bild setzt sich fort. Küche, Wohnzimmer, Bad. Nur winzige schmale Durchgänge. Aufgeschichtete Sedimente aus Unrat, Trödelzeug, Kitsch, Papier, Verpackungen, Res-ten, Schund bis an die Decke. Als würden diese Wände aus Abfall das Haus mittragen.

Ich suche nach Unterlagen, Briefen. Nach drei Stunden finde ich einen kleinen Säbel aus Holz. Karneval. Beim Mainzer Rosenmontagszug überfuhren sie einmal ein Kind. Die Narren waren Dämonen.

Lieber Friedrich, warum schenkst du dem Kleinen diesen blöden Säbel? Soll er sich gleich ans Krieg spielen gewöhnen? Wenn du was schicken willst, schicke dich. Er fragt so oft nach dir.

Als ich die Wohnung verlasse, steht eine ältere Frau vor mir. Die Arme in die Küchenschürze gepresst.

»Wann ist das endlich zu Ende?«, fragt sie. »Kann nicht jeden Tag Raumspray in meinem Flur ablassen. Mein Mann ist Allergiker.«

Ich fahre zum Einwohnermeldeamt. Mit einer Adresse. Eine Frau und ein Junge in Holland. Vor fünfzig Jahren. Beide sind im Stammbuch nicht eingetragen. Es ist eine Spur. Das Kind.

»Kann zwei Wochen dauern, das Auskunfts-Ersuchen«, sagt der Sachbearbeiter.

»Das ist doch alles vernetzt und elektronisch«, sage ich. Der Sachbearbeiter schaut böse in seinen Kaffee: »Zwei Wochen.«

Mutter, was ist das? Sommer. Die ganzen Arme voll kleiner roter Punkte. Mücken? Das Rot ist zu dunkel. Herunterreißen der Kleidung. Überall. Rücken. Bauch. Beine. Keine Mücken. Sofort zum Arzt. Krankenwagen. Mit Blaulicht in die Kinderklinik. Dieses Blau, kennst du dieses Blau? Es ist so wunderbar.

Ich fahre zur Bank. Mit einem alten Sparbuch. Regelmäßige Überweisungen von 10 Mark monatlich. Dann bricht das Buch ab. Ich will es trotzdem versuchen. Manche Banken können sich von ihren Zahlen nicht trennen.

Die Angestellte schüttelt den Kopf. »Wir müssen die Daten höchstens zehn Jahre aufheben. Nicht derart lange.«

An nächsten Tag ist die Bestattung. Sozialbeerdigung. Pfarrer. Ein Organist von zwölf Jahren. Ferner: Meister Ede und sein Pumuckl. Der Herr der Leichen. Und sein kleiner Sargfahrer mit Fistelstimme.

Meister Ede im schwarzen Baukasten-Sakko: »Keine Investment-Leiche, was?«

Orgelvorspiel. Psalm 90 Vers 10. Unser Leben währet. Traueransprache aus dem Buch der 365 Traueransprachen. Befiehl du deine Wege. Pumuckl fährt die Leiche ins Loch. Runter hieven. Jeder ein Schäufelchen Erde drüber. Der Pfarrer in seinem schwarzen Talar. Hochsommer. Das Beerdigungsrudel zieht ab.

Ich warte noch eine halbe Stunde. Manchmal tritt ein Angehöriger noch aus dem Schatten der Friedhofseichen hervor. Dann gehe auch ich.

Blutabnahme. Der Chefarzt schaut in den Mund des Jungen. Als lese er Zeitung. Dann nimmt er die Brille ab. Eine Stunde später ist der Blutbefund da. Königin aller Tode. Das Cortison verzögert es nur. Zwei Wochen. Dann erstickt der Tod alles Fieber. Zwanzig Jahre später hatten sie bessere Medikamente. Und alle Kinderstimmen im Himmel, sie lachten.

Ich verfasse meinen Abschlussbericht. Kein Vermögen. Keine Prozente. Keine auffindbaren Angehörigen. Ein Aktionshaus muss ich nicht fragen. Beerdigungsrechnung an die Sozialkasse der Stadt. Der Hausbesitzer donnert die Möbel aus dem zweiten Stock in den Container. Bis ein Streifenwagen kommt. Heute Abend ist wieder Probe.

INVESTMENT

Die Tür klingelte. Ein Junge betrat den Laden. Er hatte ein ganz rosafarbenes Gesicht. Und schien diesen Geruch von Mehl und Zucker in sich aufzusaugen.

Die Bäckerin schaute zu dem Jungen hinunter.

»Wieder zwei Rosinenbrötchen?«, fragte sie.

»Alle«, sagte der Junge.

»Alle was?«

»Alle Rosinenbrötchen«, sagte der Junge.

»Zeig dein Geld«, sagte die Bäckerin.

Der Junge verließ den Laden mit einer riesigen Papiertüte.

Nach einer Weile betraten zwei andere Jungen den Laden und wollten Rosinenbrötchen. Danach acht weitere Kinder. Die Bäckerin schüttelte jedes Mal den Kopf. Drei der Kinder legten ihr Geld zusammen und kauften ein Stück Apfelstreusel.

Am nächsten und übernächsten Morgen dasselbe. Der rosa Junge, der mit einer riesigen Papiertüte voller Rosinenbrötchen den Laden verließ. Die anderen Kinder. Das Kopfschütteln der Bäckerin.

Am Mittag des dritten Tages kam ein Mann.

»Ich muss mit Ihnen reden«, sagte der Mann.

»Was darf ich Ihnen einpacken?«, fragte die Bäckerin.

»Ist es richtig, dass hier jeden Morgen ein Junge alle Rosinenbrötchen kauft?«

»Ihr Sohn?«, fragte die Bäckerin. Sie lächelte.

Der Mann lächelte nicht: »Sie verkaufen dem Kerl ab sofort nicht mehr alle Rosinenbrötchen«, sagte er laut.

Die Bäckerin ging nach hinten. Der Bäcker kam. Er klopfte sich das Mehl von den Armen.

»Es wird an den verkauft, der zuerst da ist«, sagte der Bäcker.

Der Mann war jetzt sehr laut: »Dieser Kerl verkauft die Brötchen für das Doppelte auf dem Schulhof. Und weil er in allen drei Bäckereien der Umgebung alle Rosinenbrötchen holt, müssen die Kinder ihm die Rosinenbrötchen abkaufen.«

»Sollen die Kinder ihm halt nichts abkaufen«, sagte der Bäcker. Er ging wieder nach hinten zu seinem Mehl.

Der Mann schlug die Ladentür hinter sich zu. Die Türklingel schepperte lange und laut. Als seien gerade viele Kunden gekommen.

Am nächsten Morgen kurz nach Ladenöffnung war der rosa Junge wieder da. Auf seiner rosa Haut schimmert es ganz blau von einem geschwollenen Auge.

»Willst du den anderen Schulkindern ein paar Rosinenbrötchen übrig lassen?«, fragte die Bäckerin.

»Kein einziges«, sagte der Junge. Und verließ mit einer riesigen Papiertüte den Laden.

In der nächsten Nacht ging eine Ladenscheibe zu Bruch. Ein Pflasterstein lag in der von Glassplittern übersäten Auslage. Der Bäcker und die Bäckerin erzählten dem Polizisten vom rosa Jungen und dem lauten Mann.

»Betrunkene Rowdys«, sagte der Polizist und schrieb etwas in seinen Notizblock. Der Bäcker rief einen Glaser.

Am nächsten Morgen sagte die Bäckerin zu dem rosa Jungen: »Ich verkaufe dir keine Rosinenbrötchen mehr.«

Der rosa Junge verließ den Laden ohne riesige Papiertüte. Zehn Minuten später kam er zurück. Mit ihm waren zwei andere Jungen gekommen. Beide über einen Kopf größer als der rosa Junge. Einer hatte ein ganz hageres Gesicht. Das gar nicht rosa war. Als hätte man klebriges Schmutzwasser drüber gegossen. Er roch nach Alkohol. Der andere größere Junge schmierte mit seinem Zeigefinger Dreck auf die Ladentheke. Die Bäckerin verkaufte dem rosa Jungen alle Rosinenbrötchen.

Am nächsten Morgen kam der laute Mann. Direkt nach Ladenöffnung. Er schaute in die Auslage. Er drehte sich ständig um. Als würde er verfolgt werden von diesem rosa Jungen.

Er sagte: »Alle Rosinenbrötchen.«

Er verließ den Laden mit einer riesigen Papiertüte. Die Bäckerin schüttelte den Kopf.

Zwei Minuten später war der rosa Junge da.

»Ein Mann hat alle Rosinenbrötchen gekauft«, sagte die Bäckerin.

»Alle anderen«, sagte der Junge.

»Anderen was?«

»Alle anderen süßen Teilchen«, sagte der Junge.

»Zeig dein Geld«, sagte die Bäckerin.

Der Junge verließ den Laden mit zwei riesigen Papiertüten. Die Bäckerin schüttelte wieder den Kopf. Als sei sie nur auf die Welt gekommen, um den Kopf zu schütteln.

Am nächsten Morgen kamen weder der rosa Junge noch der laute Mann. Nur andere Kinder, die einzelne Rosinenbrötchen kauften.

Gegen Mittag trat der Bäcker aus der Backstube. Er hielt eine Zeitung in der Hand.

»Hast du das gelesen? Was gestern an der Schule passiert ist?«

»Nein. Was denn?«, fragte die Bäckerin.

Der Bäcker las es ihr vor. Der rosa Junge lag schwer verletzt im Krankhaus. Der laute Mann saß wegen Körperverletzung in Untersuchungshaft. Der laute Mann hatte vor dem Schuleingang versucht, die Rosinenbrötchen zum Ladenpreis an die Schüler zu verkaufen. Der rosa Junge hatte gleichzeitig die teureren süßen Teilchen billiger als die Rosinenbrötchen an die Schüler verkauft. Die Bäckerin und der Bäcker schüttelten den Kopf.

Zwei Tage später klingelte die Tür direkt nach Ladenöffnung. Es waren die beiden größeren Jungen, mit denen der rosa Junge vor ein paar Tagen gekommen war. Der eine roch wieder nach Alkohol und hatte dieses schmutzige Gesicht, das noch hagerer war als beim ersten Mal. Als habe er gehungert. Der andere Junge schmierte mit seinem Zeigefinger Hundekot auf die Ladentheke.

»Möchtet ihr die Rosinenbrötchen?«, fragte die Bäckerin.

»Alles«, sagte der hagere Junge.

»Alles was?«

Der hagere Junge zeigte mit dem rechten Arm in einer großen Halbkreisbewegung auf alle Regale und die Theke. Als sei er ein Herrscher, der sein Reich absteckte.

»Auch die Torten«, sagte der andere Junge.

»Zeigt euer Geld«, sagte die Bäckerin.

Die beiden Jungen schleppten zwei Dutzend riesiger Papiertüten nach draußen. Dort luden sie alles auf zwei Leiterwagen.

Die Bäckerin schloss den Laden zu.

Am nächsten Tag war die Ladenscheibe wieder zertrümmert. Und die ganze Innenreinrichtung zerstört. Als brauche niemand mehr Brötchen oder Kuchen oder Torte.

Am Türrahmen hing ein Schild: ›Kauft nicht bei Juden‹.

KJARTAN HATLØY
Zwölf Gedichte

Aus dem Norwegischen übersetzt von Klaus Anders

Es strömt neues Leben herauf
schwarze Flecken treiben auf der Sonne
bilden langsam ein Wolfsgesicht, mit dem Sonnenleib
    wandernd, es muß, muß
so wandern, immer schwärzer
jäh des Wolfs mildes Lächeln über erlegter Beute, Zunge hängt,
dort: zwei schwarze Rosen tauchen auf und wandern nach Ost

folgen, folgen, all das nicht das unsere

*

Nur selten ist das Licht eine Sonne
nur selten findet das Licht einen Hang, wo es mit leichtem
    Druck herabströmt
Geschenk, das freundlich Raum vor sich herjagt

kurz vor dem Aufgang wartet alles

der schuldlose gewaltige Goldball will hoch, doch alle Toten
    halten ihn fest

da fliegt die Amsel auf, und schaut auf sie mit geschlossenen
    Augen
und all ihre Hände lassen los

*

Bevor die Julisonne aufsteht
sammelt sie sich eine Weile im Heuschreckenlaut
mitten im Luchsauge wohnt sie ein wenig
und mitten in unserer Erwartung
in gelbem Blut verbirgt sie sich
und dann, sehr tief: in allen Menschenhänden für den Ernst
    einer Zeit

*

Ein paar Wacholder dort oben in halber Höhe,
    von der dunkelgrünen Sorte, nicht der hellgrünen
der fichtenfarbenen, der grünsten davon
die kleine Gruppe gehört zu dem schmalen Rinnsal, steht
denn ein kleines Hangmoor hielt ihren Vormarsch an
der starke Wacholdergeruch mischt sich mit
dem Geruch nach heißem Augustmoor, der Sturm und Blut
    stillen kann.
Sie haben einen Späher vorgeschickt
er ist erst fünf Jahre
steht mitten im Moor. Steht und steht. Ein kleines o
doch über das entscheidet ein Waldkauz allein
Tag und Nacht

*

Kaum sichtbar vom Hof aus
der alte Mann am steilsten Hang
läßt die Hände Wacholder schlagen.
So alt, daß ein Feuer in den Adern wohnt, jagt das Blut vor
    sich her
Tag um Tag bündelt er Wacholder, kann nicht gut gehen,
    mager
doch wälzt riesige Wacholderbunde talwärts
eine Hand schlottert sehr, doch Augen wie ein Falk

gewiß der Regenbogen und des zähen, bleigrauen Bandes
noch müssen sie gehorchen

*

Ein paar Wacholder verbargen den Hirschblick
der wieder auf seinem schwarzen Steg kam, uralter Steilhang
    dahinter
er hob jäh den Kopf, starrte.
Da löste sich eine Gruppe Schwalben aus der Krone, fuhr so
    flugs
auf im Schwung, flugs, weit
ganz still folgte ihnen das Strömen
aus dem dunkelbraunen Auge

*

Die kleine Insel da draußen, der Bach muß sich teilen
ein paar Grasbüschel
eine mickrige Birke und zwei Sumpfdotterblumen leben da,
   in der Brise Tag und Nacht

da drüben wohnt die Seele der Klamm, sagen die Leute
auf der Insel stärkster Klammgeruch
und von dorther:

jäh sah der Otter auf

*

Spätsommers kleine Moorsenke nahe dem Gipfel
die Grube liegt nicht im Schlaf, sie horcht, es rinnt ein, nicht aus
ein Duftland währt, nimmt ab, nimmt zu
jetzt grünstes Grün: es hält Wacholder schräg aus dem Jubel
sonst alles gelb, blaßgelb. Einer Amsel gehört die Stelle
sie war hier
sie flog auf

*

Die Bäume fürchten es. Das Moor ist so fremdes Leben
Bäume wagen sich nicht hinein, nur wenige Gräser tun es.
Mittendrin das Grab einer Kiefer mit all ihren Tagen, allen
    Himmelsfarben, dem Hiersein aller Wolkenzüge
schnellster und langsamster

*

Aus der Höhe
aus all dem Unfaßbaren flitzen die Libellen, wie gewohnt
das rote Moor ist Sumpf auch für sie
zieht sie hinein in seine Tage, sein nahezu ewiges Land
es fährt in das Licht eines hohen gelben Halms und trägt
    es weiter für immer

später ist das Moor unter Eis, klarem Eis eines Morgens
das Sternmoos ebenso grün

*

Mit dem Raben fliegt ein Rabe aus Sonne
Die Augen winzige Brände aus lebendem Gold, heiß die
    Außenhaut
sie saugen uns ein, so machen sie es,
alles saugen sie ein
auch unsere Gräber, sie alle, jedes einzelne
und alles, was Menschen wissen

*

Septembersonne, stundenweis, tageweis,
die Gruppe Disteln bricht ins Blühen auf. Silberstacheln
    kommen aus dünnen, aufrechten Stämmen.
Noli me tangere.
Lauwarmer, knochentrockener Grund
wo der Pillendreher sich mit Schafsperlen wälzt. Vom
    schwarzen, fast grünen Rückenschild
ein scharfer Glanz und der Geruch des Schicksals

WAHNSINN UND DICHTUNG

Worte wie diese haben ja meist ihren Ausgangspunkt in der Psyche. Als Aufgeklärte denken wir zunächst an die alten Griechen. Aber ich will hier vor allem an das alte Ägypten erinnern. Dort dachte man über solche Fragen bereits 2000 vor den Griechen nach. Es gab bei den Ägyptern sieben Elemente, die die „Person" bildeten. Lebenskraft und Seele waren nicht die einzigen. Leider wird die Ägyptologie in Norwegen stiefmütterlich behandelt.

In der Volkssprache heißt es ja immer noch „Wahnsinn". Daher der Titel. Warum gerade ich mich zu diesem Thema äußere? Weil ich Erfahrung mit solchen Schwierigkeiten, solchen Plagen des mentalen Lebens habe. Erfahrung mit wiederkehrenden Phasen einer Psychose, die von den Fachleuten paranoide Schizophrenie genannt wird. Und zwar Erfahrung mit dem vollen Programm: Visionen, Gesichte, falsche Wahrnehmungen und Stimmen. (Genauer: es handelt sich nur um eine Stimme, nicht um ein Stimmen-Chaos. Zu 98% wohlwollend und unterstützend, doch zu 2% ein gnadenloser Feind, ein Terror.)

Ich hege keine glühende Abneigung gegen die Psychiater oder die heutigen Behandlungsweisen. Daher habe ich meine Medizin immer geschluckt, starke Psychopharmaka seit ca. 23 Jahren. Doch ich habe einige Einwände gegen diejenigen vom Fach, die sich für reine Mediziner halten. Ich wende mich vor allem gegen die Psychiater, die der Auffassung sind, alle unsere Psychosen rührten nur von einer Störung, einem Mangel, einer Schwächung der Hirnchemie her. Ich wünsche mir Offenheit dafür, daß eine Psychose ihren Ursprung darin haben kann, was ich ein „überanstrengtes Bewußtsein" nennen möchte. Darin, daß man ein Einzelgänger ist, daß man zu 80% allein, außerhalb eines dogmatischen Gerüsts, einer Religion, einer Gemeinschaft lebt. Eine Psychose kann daher kommen, daß einer auf riskanteste Weise sich aussetzt, immerzu nach der wirklichen Rolle des Bewußtseins gräbt und fragt, oder nach dem Handeln der Menschen, ihrem eventuellen Ziel und Maß im Kosmos.

Was die Medikation angeht, gibt es zwei Modi meines Status: Ich glaube und ich zweifle. In Modus Nr. 1 glaube ich fest daran, daß Leponex (Clozapin) unentbehrlich ist. Sollte ich eines Tages einmal ganz ohne Leponex dastehen, wäre das eine Katastrophe für mich, ich würde rasend vor Panik. In Modus Nr. 2 glaube ich voll und ganz, daß die Medikation aus der unzureichenden Urteilskraft von Psychiatern und Psychiatrie resultiert. Ich schwanke zwischen diesen beiden äußersten Positionen.

Apropos: Urteilskraft des Psychiaters und Erforschung des Phänomens Psychose – fußen sie auf einem ausreichend strengen Wissenschaftsideal? Macht man in der Psychiatrie wirklich das, wozu Karl R. Popper in seiner Schrift „Kritisches Denken" riet? D.h. ein Erklärungsmodell, eine Theorie vorzulegen, und dann alles zu tun, um ein Faktum zu finden, das sie falsifiziert? Anders kann eine wissenschaftliche Überprüfung des medizinischen Handelns nicht vollständig sein. Wobei man – streng genommen – fordern müßte, daß jeder Patient in zwei Ausgaben zur Verfügung stehe: einer mit, einer ohne Medikation.

Wie kann ein „überanstrengtes Bewußtsein" entstehen? Es kann entstehen, wenn einer ignoriert, wovor im Hávamál (Edda) gewarnt wird. „In Maßen weise sei der Mann, nicht allzu weise."
Ein solches Geschick kann den treffen, der – ein wenig gehässig – „ein Frontkämpfer im Reich des Geistes" genannt werden könnte. Ich möchte hervorheben, daß ich mich selbst nicht als einen solchen ansehe, aber doch als dessen Nachbarn. Hier sollten viele Namen stehen, doch ich wähle nur diese: Vincent van Gogh, Olav H. Hauge, Friedrich Nietzsche, Edvard Munch, Friedrich Hölderlin.

Fünfzehn Jahre lang war ich ein interessierter Leser von Gottfried Benn, seinen Gedichten und seinen Gedanken über Dichtung. Da dreht sich vieles um den Begriff des „autonomen Kunstschaffens". Ich will einige Stellen anführen aus dem Band „Ausgewählte Gedichte" (Diogenes Verlag). In dem Essay „Gottfried Benn und die Verteidigung des Elfenbeinturms" zitiert der Herausgeber des Bandes, Gerd Haffmans, Benn, indem er ihn auf fingierte Fragen „antworten" läßt. Benn verteidigt hier, daß er so vielem anderen nicht zugehört. Daß es das Schicksal des Schaffenden sei, allein den Mächten gegenüberzustehen. Auch die alten großen Religionen und Philosophien reichten nicht bis in Benns ästhetische Sphäre. „Ich finde Gebet und Demut arrogant und anspruchsvoll, es setzt ja voraus, daß ich überhaupt etwas bin, aber gerade das bezweifle ich, es geht nur etwas durch mich hindurch..."

Und zur Philosophie sagt er: „Diese Denker mit ihrem Seinsgrund, den niemand sieht, völlig gestaltlos, alles nur Beiträge, Beiträgler – sie drehen die Leitung auf, meistens kommt dann etwas Plato heraus, dann duschen sie ein bißchen herum, und dann tritt der nächste in die Wanne. Keiner von ihnen macht etwas fertig. Ich muß meine Sachen fertig machen".

Und Benn postuliert: 500 Seiten Betrachtungen über Wahrheit „werden aufgewogen von einem dreistrophigen Gedicht". Weiters hebt er hervor (mag sein mit Nietzsche), daß „Kunst etwas Körperliches" sei: „Der große Dichter ist ein großer Realist, sehr nahe allen Wirklichkeiten – er belädt sich mit allen Wirklichkeiten". Und an anderer Stelle: „Hinter einem modernen Gedicht stehen die Probleme der Zeit, der Kunst, der inneren Grundlagen unserer Existenz".

Es ist genau dieses Streben, diese Plackerei, womit die Psyche zu kämpfen hat. „Die geistigen Dinge", schreibt Benn, „sind irreversibel, sie gehen den Weg weiter, bis ans Ende, sie haben eine Vehemenz, die die der physikalischen Dinge übertrifft. Daher müssen Sie Ihre Gedanken auf das rücksichtsloseste formulieren, immer wieder die Äste absägen, auf denen Sie nisten."

Und das, wie ich bereits andeutete, das kostet!

Ja, daß die Anstrengung, der Kraftaufwand in dieser Sphäre skyrocketing sind, ist offensichtlich. Ein Wissenschaftler, der Psychiater Krzysztof Lipinski aus Krakau, veröffentlichte vor einigen Jahren in der polnisch-deutschen Zeitschrift „Annäherungen" („Zblizenia", 2005, Red. Andrzej Kowal) Texte von „Geisteskranken". Er bezeichnet dort das Paradox, daß Dichtung auf einem gewissen Niveau eine starke Zerstörungskraft in sich trage, als ersten notwendigen Schritt. Er nennt die Zerstörung, die Neues schaffen will, „Zersetzung des Vorhandenen". Genauso sehe ich es! Diese notwendige Zerstörung bedroht mit hoher Wahrscheinlichkeit die Sicherheit, die Geborgenheit im Gewohnten, daher schwebt das Bewußtsein während dieses Prozesses in großer Gefahr.

Lipinski verweist in diesem Zusammenhang auf einen Satz des römischen Denkers Seneca: „Nullum magnum ingenium sine mixtura dementiae fuit". Ohne eine Beimengung von Wahnsinn entsteht kein geniales Werk. Dazu wäre viel zu sagen. Vor allem möchte ich Hölderlin nennen. Heidegger, einer der hervorragendsten Denker Europas, konzentriert sich in einem seiner Vorträge auf Hölderlins Wort: „Dichterisch wohnet der Mensch auf dieser Erde". Er nimmt Hölderlin in Schutz vor denen, die nur der gängigen Münze trauen. Gegen die Vertreter der trockenen Vernunft sagt er: „Das Wort, der Mensch wohne dichterisch, stammt denn auch nur von einem Dichter, und zwar von jenem, der, wie man hört, mit dem Leben nicht fertig wurde."

Auf uns bezogen, wäre zu fragen, ob es unter uns viele sind, die Wertvolleres hervorgebracht haben als Hölderlin. Ich kann Ihnen die Lektüre des Vortrags von Heidegger, erschienen in dem Band „Vorträge und Aufsätze", 1954 im Neske Verlag, nur ans Herz legen. Es geht darin um den Begriff „Wohnen". Damit ist die Existenz des Menschen gemeint, und Heidegger verweist darauf, daß sie sich in der Sprache ereignet. Der Irre Hölderlin wird hier mit größter Wertschätzung in das Seins-Denken Heideggers eingeführt, dessen Nabe das Sprachdenken ist. Heidegger zieht den Schluß: „Der Mensch gebärdet sich, als sei er Bildner und Meister der Sprache, während doch sie die Herrin des Menschen bleibt."

Leicht veränderter Vortrag, gehalten zur Eröffnung des Interdisziplinären Ausbildungsprogramms von SEPREP, Zentrum für Psychotherapie und psychosoziale Rehabilitation, in Nordfjordeid, Norwegen, September 2013.

CARSTEN ZIMMERMANN
Gedichte

AM HELLEN RAND

1

es sind felder aus licht, die sich sanft verschieben,
gefühltes licht in milliarden pixeln, wie treibsand,

wie wanderdünen die dinge, die häuser, die brücken
und wege, eine wanderdüne sein leib, der nur

scheinbar sich gleichbleibt, der ständig rieselt, strömt,
als umhergehen nämlich, als atmen, pulsieren, die beine

bewegen, die arme bewegen, die augen bewegen
und wirbel und schlieren in dieser seltsamkeit ziehen...

2

in dieser seltsamkeit, die wie wasser ist, klarfarben
und in-sich-still, die der raum des bewußtseins ist,

anwesenheit, feinstes, inniges sich-selbst-berühren,
aufblühend, anschießend in allen diesen gestalten,

viel zu ungreifbar, um etwas bekanntes zu sein – so
geht er umher, so geht es weiter mit ihm, vorwärts,

wie es heißt, wie es flüstert, wie jene vertraute stimme ihm
flüstert, hindurch, sagt sie, durch die zeit, durch die stadt

3

leben, raunt sie, hindurchgehen, du wanderdünen-mensch
gehst jetzt einkaufen, du kannst das, du machst das,

sanft hindurch als kaskaden von stöberndem licht,
als summen und gesummtes hinhören auf mich,

sieh, wie die autos, die lastwagen fahren, sieh
den plattenbau, weiß und frisch nachzitternd noch,

als sei er soeben aus dem nichts erschienen, was
er auch ist. weißt du, was hier ist? nein oder ja

4

ratsamkeit, es ist gut, sich auszukennen, gut zu wissen,
wo hinten und vorne ist, wo dir der kopf steht,

flach ist der boden, der gepflasterte weg bestens geeignet,
darüberzulaufen, erinnerst du dich, wie du das als kind

schon genossest, wie du den wegerich mochtest in den
betonplattenritzen, pelziges moos, frischen luftzug

an deinen ohren, und wie er direkt in den himmel überging,
wie alles klar war mit offenen rändern

5

hindurchgehen, hindurchziehen, hindurchmüssen,
wann ist das eingerissen, der ernst des lebens

als rennebahn, als wanderschaft, als tunnelblick, man muß
sich ausstatten, muß eigenschaften besitzen, nebst hose

und schuhen maximen, kompaktheit, muß auskunft
geben können, wenn man gefragt wird, wer und was man ist,

und was es mit allem auf sich hat, so flüstert es in ihm,
flüstert und stöbert und summt, niemand weiß etwas

6

festes. niemand, das bin wohl ich, sagt die stimme, das rieseln,
der sandsturm, der weiche abgrund des raums und dieses

pixelgestöber darüber, wer schnell kauft, lebt heller,
was ist das, wir müssen die logos bedienen, den logos,

wie wir ihn jetztzeitig verehren, die farbigen stempel
auf allen den käuflichen dingen, die großen wegmarken,

die unser dasein bestimmen, doch was ist dein eigenes logo,
ich weiß nicht, ich glaube, ich bin dieses pudrige stäuben

7

bin licht wohl, bin rand, bin einer von vielen,
verwundbar im wummern der wagen, verwirrt,

aber federnd mein gang in den jahren, beschwingt,
an der einfallstraße entlang, an der bushaltestelle,

die großen dienstleister in sicht in der ferne, die blauen
und roten und bunten beleuchteten schriftzüge, ahnbar

gewimmel der käufer, ahnbar unruhe, schwarmgefühl,
ahnbar allseits kultiviertes normalsein, ein vortäuschen,

8

welches das licht aus dem inneren abzieht, wenigstens
scheinbar, es anderswo aufschimmern läßt, auf den dingen,

geräten, produkten, den logos, in den seltsamen
tempeln, wohin jener wandert, weil er teil dieser landschaft ist,

dieser landschaft aus licht und seltsamkeit und
verständigkeit und donnernden lastwagen, personenkraftwagen,

logo-transportern, fußgängern, radfahrern, wolkenströmen,
        siehe,
es ist möglich, aus augen zu schauen, arme und beine

9

wie pendelnd, wie schwingend zu bewegen, wer macht das,
wie macht man das, jener weiß es nicht, sagt die flüsternde

stimme, sagst du, sage ich, jenes leise, wache auffangen der
wörter mit dem abgrund dahinter, sagen die wörter selbst,

summend, klingend, auftauchend und wieder verschwindend,
vorwärtsgehen, was ist das, durch die zeit hindurch,

was ist das, lastwagen, was sind die, logos, was sind die,
gehst einkaufen, mensch, wanderdüne, wirbel, lichtphänomen

AM STRAND

sich selbst bemerken
ist auch eine art licht – wir

gingen den sandstrand entlang:
ein warmer wintertag, enten,

ein milchig bedeckter himmel
und ruhige see, darin er sich

spiegelte, so, daß die aussicht
ins schweben geriet. spät

am abend changierten die farben
der landschaft minütlich, die

wenigen wörter, die wir zu uns
sprachen, hinderten nichts

am erscheinen. die dünen im
hinterland lagen unauffällig,

normal, nur bei genauerem hinsehen
waren die wippenden gräser

gläsern, übergenau

BEI DEN GRÄBERN

die hohe platanenallee, durch die wir
spazieren, undeutbar rätselhaft, unser

aufsteigen von woher auch immer,
mitsamt den benennungen, aus einer

kaum faßbaren anwesenheit, wir finden
uns häufiger hier, sagt ein mysteriöser

gedanke, der hier mitklingt, mitschwingt,
es ist wie ein sanftes strömen

auf der stelle, wie ein in-sich-hineingehen,
gewissermaßen gemeinsam, denn wir,

die wir hier die verwilderten stellen
aufsuchen, den gottvergeß aufsuchen und

seifenkraut neben verwitterten gräbern,
bröckelden marmormonumenten

für wohlhabende anderer zeiten,
wir gehen nebeneinander in was-auch-

immer hinein, durch was-auch-immer
hindurch, endlos und hier ab und zu

offensichtlicher, klarer unter dem ruhigen
berliner himmel, dem vogelgesang, in

der nähe von eichhörnchen und meistens
älteren damen, deren männer schon

anderswo oder nirgendwo oder überall sind

BEIM SPIEGELGLEICHEN

dort hinaussehen, was immer hinaussehen
ist. in eine tiefe hineinsehen, auf milchig

schimmernde hochhäuser unter weitem,
unirdisch blauem himmel. als sei ich im

innern einer kugel aus spiegelglas, zieht es
den blick an den rändern auseinander. so

ist das raumgefühl, mensch, so oder anders.
wer lebt schon von bildern, die sekunden-

bruchteile dauern. brillenränder, schwarze,
runde, eine platonische parodie. der trend,

ich weiß, geht seit jahren zum flachbildschirm-
format. zum eckigen überhaupt, und es wird

das runde gefürchtet, wenn es nicht nützlich
wird im maschinenbau. meine wirbelsäule

summt leise, dort im farbigen innern, hohl-
erdegefühl. mein, auch mein dasein als

ptolemäer. auf dem tellerrand balancieren.
ich weiß, daß nichts dauert, ich kann den

satz kaum beenden, schon verschwindet alles
im glanz der abwesenheit. im silbernen,

spiegelfarbenen, spiegelschwarzen glanz.
dort hinaussehen also, denn wer wagt, gewinnt

BEIM SILBRIGEN

heute krochen brennesselraupen
an der weißen hauswand empor,

schwarze, stachlige, sternhimmelartig
gepunktete raupen, auf der suche wohl

nach verpuppungsplätzen. wir fuhren
dann schwimmen, per rad zum see hinaus,

in sehr weichem, silbrigem wasser,
über uns, am weißlichen himmel,

kreisende fischadler, unter uns
nichts. du warst wie immer, vetraut und

unergründlich wie alles. später am abend
betrachteten wir gemeinsam den mond

in unserem fenster, der tatsächlich aufging
über mauerruinen. wenn wir nicht schaum

sind, ein bild auf den wellen

BEI DER ARBEIT DES DICHTERS IN BRANDENBURG

die aussicht umgraben. die hineinsicht
umgraben. den himmel, die wolken

über den alten burgmauern umgraben,
unermüdlich, rhythmisch, tagtäglich

durch bloßes schauen, erinnern, atmen,
den strom der erfahrung umgraben,

mit den augen schaufelnd, mit den ohren
schaufelnd, durch stehen schaufelnd,

durch umhergehen schaufelnd, später
radfahrend, pedaletretend, im gehör graben

als vögel, als pulverschnee, als klanggranulat
straßengeräusch, mit den augen die bäume

ausgraben, die vielfältigen, die landschaft,
die straßen ausgraben, die pkws ausgraben,

deren umwälzen, auflösen, mikro- und
makroskopieren, den wald ausgraben als

denwaldbegehen, ihn sintern lassen, sein
schwinden ausgraben durch schwinden-

lassen, den see ausgraben, dann das wasser
ausgraben durch schwimmen, den himmel

im wasser aus- und umgraben durch schwimmen,
durch schauen, die luft umgraben durch atmen,

das licht sieben, die dunkelheit sieben, später,
die nächtliche, den mond zeitig

zu wasser lassen, in der inneren und
äußeren spree, das land durch bloße weichheit

voranbringen, durch wehrlosigkeit, hilf-
losigkeit, ratlosigkeit als balancieren

im nebel des stehens der un-
wissenheit

BEIM RÄTTISCHEN

morgens beim blick in den spiegel
die nase in großaufnahme.
zurückzoomen.
bizarr, du bist eine art ratte oder
eichhörnchen. säugetiergefühl.
pumpender atem, zähneputzen, raum

raum, das vertrautere ich, aus dem
schlaf mit hinübergenomen in den
traum des morgens. unter der dusche
fließt das wasser außen über den
kopf, näßt die stille dunkle leere
in seinem inneren nicht. in seinem inneren,
das ins unbegrenzt weite reicht. der poet,
die ratte, das eichhörnchen, sieht
bei geschlossenen augen so viel
wie mit offenen. fühlen, sich
weitende kreise, das wahrnehmen selbst
ist wie eine sehr weiche, wache, silbrige,
sich selbst wahrnehmende substanz.
(wasser, o thales, das leuchtet mir ein.)

ich beherrsche die abläufe, ich trockne
mich ab, ziehe mich an, richte den körper
her. ich schlafe, ich träume, ich wache,
wenn ich überhaupt etwas bin, bin ich alles
und nichts.

FRAGMENTE ZU EINER ÄSTHETIK

Erzählung

1. – Sonne, Mond und Sterne. Papa, Mama, Kind. Und Brüderchen. Eine von K.'s, Karstens, des Kindes, also K.'s frühen Erinnerungen: die Familie versammelt im Wohnzimmer, Fototapete dort, wo die Eltern sitzen, auf der Dreiercouch, die Mitte frei, die Kinder auf Einzelsesseln. Das Brüderchen noch klein, K. schon mitten im Schlamassel der Menschwerdung, vielleicht sechs, vielleicht acht. Der Fernseher: zentrale, aber entrückte Position, altarähnlich transzendent, an oder aus, im Wohnzimmerschrank, Mahagoni, der eine ganze Seitenwand ausfüllt. Es besteht ein Gespräch, die Eltern schauen in K.'s Richtung. Flirren im Raum. Etwas an der Situation ist unterschwellig bedrohlich, eine Spannung herrscht, ein Hin und Her. Die Elternblicke gelten ihm, der Vater sagt etwas, möglicherweise hat K. etwas ausgefressen, aber nichts Schlimmes. Die Eltern sehen immer noch in seine Richtung und sprechen etwas an, in ihm, wie sie meinen. Das muß es sein, die Eltern glauben, daß K. drinnen im K.-Körper sitzt, daß K. irgend eine Sache ist, die im K.-Körperinneren festsitzt. Eine Sache, die die Eltern nicht übermäßig mögen. Eine Sache, sperrig, knollig, mit der sie zu tun haben, die sie zu beaufsichtigen und zu verwalten haben, als Eltern. Das ist so, denken sie.

2. – Mit den Spielkameradinnen und -kameraden, so hießen die damals, ist es noch anders. Sie fließen, strömen. Nur die Erwachsenen scheinen diesen merkwürdigen Defekt zu haben, daß sie an Dinge glauben, dunkle, knollige, die festsitzen und den Raum beengen. Die Erwachsenen leben in dem, was sie die Realität nennen, den Boden der Tatsachen. Das gibt ihnen eine Schwere, eine Traurigkeit, die sie wiederum ableugnen. Erwachsen werden, erkennt K., ist ungefähr wie sterben, nur daß man es, wenn man gestorben ist, nicht einmal mehr zu bemerken scheint. Das ist das Gruseligste.

3. – Wenn die Geschichte weitergeht, denn das denken ja alle, daß Geschich-

ten weitergehen, wird es nach und nach enger für K. Das knollige Ding im K.-Körper, als welches K. angesehen wird, anzusehen ist, wird zum Bezugspunkt von K.'s „Leben". Sein Lebenslauf, seine Biographie, zunächst seine Karriere als Schüler, mit Benotungen, Beurteilungen, ein Trainingsprogramm. Das alles geht ohne auffällige Gewalt vonstatten. Die große harte Knolle Kapitalismus braucht Nachwuchs. Kapitalismus, Kfreedom and Kdemocracy, die Kbonner Krepublik. Nur K. hegt immer noch den Verdacht, daß die Knolle nichts mit ihm zu tun hat, obwohl sie in ihm haust und er um des sozialen Friedens willen so tun muß, als sei er sie. Er hat Entfremdungsgefühle. Alle sitzen im Kalten Krieg fest und sind knormal. Nur K. ist nicht ganz knormal. Ihm kommt die Knormalität seiner Lehrer zombiehaft vor. Er sitzt, achte Klasse vielleicht, auf der Schulbank, Helmholtz-Gymnasium mit Schwerpunkt Naturwissenschaften und Informatik, und die Hälfte seiner Mitschüler ist schon gestorben. Er ist gut in Kbiologie, gut in Kenglisch, gut in Kmathematik. Aber er weiß nicht, wohin mit sich. Lange Perioden hoffnungsloser Sehnsucht, tiefer Langeweile, tiefen Elends.

4. – Die Kehrseite: lange Fahrten am Nachmittag mit dem Fahrrad an Feldwegen entlang, durch Wälder. Das Rad abstellen und versteckte Teiche im Wald aufsuchen. Unfaßbares Licht auf jungen Birkenblättern. Eine silbrige Weichheit überall, in K.'s Körper und außerhalb, so weich, daß sie nicht einmal bemerkt zu werden braucht. K.'s Körper ist nicht wirklich K's. Körper. Er ist ein Tier, ein Molch vielleicht, ein Salamander, beinahe wild, wenn die Knolle nicht ab und zu schmerzte.

5. – Die Kehrseite: Dämmern im Teenagerzimmer. Wenn die Kapitalistische Ästhetik recht hat, wenn das Leben ein Handlungsbogen, wenn K. ein Handlungsträger ist, sieht es übel aus. Vorwärts in der Zeit herrscht die totale Knormalität, Petrifizierung, Knollifikation. K. ist jetzt schon fast tot, aber es schmerzt wie die Hölle. Was schon keine Gegenmaßnahme mehr ist: *industrial music* hören, Throbbing Gristle, Sozialistisches Patienten Kollektiv. Whitehouse, wenn es ganz übel ist. Schwarz tragen. NO Future. Es hat sich zu ihm herumgesprochen, daß die Knolle Kapitalismus im Verein mit der

Knolle Ksozialismus die ganze Erde tötet, daß sie die ganze Natur auffrißt, um Alles in Allem zu sein.

6. – Erst jetzt, endlich, die Entdeckung der Literatur. Es gab Geistesverwandte, die nicht ganz knollifiziert waren, die den Schmerz der Knollifikation durch die Jahrhunderte schrien. K. hört sie schreien, es tut ihm wohl. Er hört sie sagen: *Le Bateau ivre*, er hört sie sagen: nach innen geht der geheimnisvolle Weg. Er hört sie sagen: *If the doors of perception were cleansed, everything would appear to man as it is, infinite.* Das ist Gnosis, kein Unterrichtsmaterial.

7. – *Psilocybe semilanceata*, Spitzkegeliger Kahlkopf. Auf spießigen Kuhweiden, nicht schwer zu finden, nicht weit vom Verteidigungsministerium, nicht weit von Schule und Elternhäusern, wachsen unscheinbare Pilze, weit offene Scheunentore zu Alice' Wunderland. 10 Gramm Frischpilz, die Deutsche Romantik als eßbare Gegendosis zum Kbonnstaat. Sehr viele Strukturen der Knormalität, auch die Trennung von Subjekt und Objekt, erweisen sich als eben das: als Strukturen der Knormalität, nicht als letzte Wirklichkeit. Die Knolle erhält einen Riß, und an ihrer Einflußsphäre vorbei läßt sich etwas sehen, was eigentlich ohnehin offensichtlich ist.

8. – Im Verlauf einer Liebesgeschichte, der Kontext tut nichts zur Sache, öffnet sich K.'s Brustmitte und er sieht direkt in sein Herz hinein: eine buchstäbliche Tiefe, erschütternd real, durch alle Knollifikationskompliziertheit hindurch. Da ist kein Freudianisches Unbewußtes, sondern eine andere, direktere Wirklichkeit. Ihm bleibt über Jahre ein Brennen. Und etwas beginnt über Jahrzehnte hinweg zu erodieren.

9. – Zwischendurch hat die Knolle Kapitalismus die Knolle Ksozialismus aufgefressen. Jetzt bekommt die erst richtig Hunger. Eine Weile scheint eine Friedenszeit angebrochen zu sein, vordergründig. Aber dieser Schein gibt sich schnell.

10. – Eines Tages, Anfang der Neunziger Jahre in Berlin, auf dem Vorplatz der Humboldt-Universität, in deren Foyer der Marx'sche Satz prangt: „Die Philosophen haben die Welt nur verschieden *interpretirt*, es kömmt drauf an sie zu *verändern*", gibt etwas in seinem Herzen nach. Plötzlich sieht er, woraus alle Dinge wirklich gemacht sind: aus Liebe. Aus strahlender, unfaßbar weicher, substanzieller, alles umfassender Liebe. Nach und nach trübt sich seine Durchsicht wieder, aber nie gänzlich. Was ist mit der K.-Knolle? Sie ist da, aber sie hat nicht alle Macht, selbst wenn sie sich manchmal so aufspielt. Und was ist mit der Kapitalismus-Knolle? Mit ihr verhält es sich vielleicht ebenso.

LISA ELSÄSSER
Versuch über die Liebe

(Auszug)

ANDERES LIEBEN

wieder und so tun als ginge es eigene
wege als hätten die strassen neue schilder
für jeden hinweise ins gleißende glück

leise sinken die tage ins gebüsch und
das nüchterne erbe auf die nackte nacht
nichts neues nur anders als ginge es die wege

neuster schilderungen

DIE GEWOHNHEIT STILLER TAGE

und eine müdigkeit im gedicht
nur dem schlaf traut das wort
hand in hand die liebenden
durch unbesichtigte höhlen
wandeln sie dem tag entgegen
ruhig liegt er wie ein schlafender
und unbeirrt vom *rauhen ruf*
des froschs vom heiseren klang
der liebe

DANN

steige ich	nochmals
hinunter	hinunter
bis	ich
alles	sehe
selber spricht	das bewegen
und ich	mich
bewege	im sprechen nur
das sehen	dann
stille	wellen
wellen	stille

meer

ANGELN

es ist nicht mehr weit
zum teich ungefähr

eine durchwachte nacht
mit flöhen und anderm ungeziefer

in begleitung stummer fische
tauchst du in den trüben grund

und alles wirfst du ihnen in den
offenen runden mund

DU WIRST ES MIR NICHT GLAUBEN

die bienen kommen dieses jahr
im herbst und die eichhörnchen
erwachen dann sie riechen gerne
nur einen winter lang den schnee

wir haben uns den sommer über
verschlafen einander zugewandt
betrachten wir die bienen schnee
blüten im offenen mund

EIN ÜBERANGEBOT AN SPIEGELN

wird es sein
unsere gesichter täglich
in einem andern gestern
drin staunend gleichgültig
aufgebracht und abgeklärt
das haar entwirren und so
empfängt uns der tag
die vogelschrift im schnee
wie leicht ein gedicht jetzt
spiegel beschlagen oder
leuchtend immer anderes
sehen im wort zum gedicht
einsame augen im schnee
weisses feld die liebe

ALL

eines tages wacht man auf
hat gut geschlafen und so
kommt einem der morgen
entgegen mit farben aus dem all

eines tages wacht man nicht mehr auf

weiss geworden im schlaf steif
kommt der morgen die gleichen farben
und sieht das alles aus dem all

eines morgens steht man auf

ohne schlaf die nacht und dunkel
der morgen wie ein unbekanntes all
ihm entgegen vorbei an ihm vorbei

geht man in den tag

FINISSAGE

es ist das letzte
in diesem jahr
und zeig mir dein
gesicht im gedicht
das jahr der liebe
das zu ende geht

GLASHAUS

in einem kurzen
schmerzenden blick
sah ich unser glas
haus brennen und
eine kälte umarmte
den gedankenbrand

am himmel bläute
der letzte streifen
wie atemnot im licht
erlosch sein hauch
und wo wir wohnen
dann wieder werden

im neuen morgen
nackt und entledigt
aller träume aller hüllen
und uns finden dann
nur im kargen wort

IST DER SCHNEE

fall von gestern etwa
keine wirklichkeit ist
nicht oft das gestern
schnee von heute kalt
und hart die schichten

ist das etwa keine sache

wenn das gestern heute
wirkt wie schnee wie
heftiges gestöber schneit
ein gestern wieder von
fall zu fall verschieden

diese wirklichkeit

von gestern heute etwa
schnee von gestern kalter
kaffee oder eine leiche
fall einer wirklichkeit die
nicht vergeht wie schnee

heute schneit es auch
auf den fall von gestern
betäubt die magere sonne
wie ich im schnee heute
schaufelt sie ich lausche

bis sie auf das gestern trifft

NICHTS GESCHIEHT

wenn wir uns vermissen
und das nachtblau wirkt
so ruhig blau wie immer
der nachtumarmung zu
wie fliederduft der luft
dem mai begegnet irgend
wo geschieht es zufällig
das betörende erkennen
einatmen und fühlen es
gibt uns im grossen dunkel
streife ich den atem aller
nächte das blau der stillen zeit

NIE WAR EIN ABEND LÄNGER

nie länger ein morgen
die nacht dazwischen
wir in ihr wartende
schreiende kinder
fern jeder zärtlichkeit
ins dunkle starrend

PAPYRUS

heute im letzten
sonnenlicht der hang
ein blatt auch
verwässertes weiss
grün der himmel
jede farbe dir zugedacht
stumm bin ich entblößt
leichtem schlaf entgegen
denn fühlen will ich
das helle schimmern
deine nackte haut
auf die einmal wieder
der tag es für uns schrieb
woher wir kommen
wer wir sind: nacht
geschwister liebende
erschüttert von der schrift

NUR EIN BILD

unsere schatten
in umarmung
schmal und nackt
wirken sie wir lieben
lichtgeworfene bilder
während die schritte
hintereinander
das einsamste tun
fern der wangen
die harte gefrorene
erde küssen

ULRICH KAHMANN
New York, Paris, Herford

Der Komponist Gordon Sherwood zwischen Blues und Bach

1957, New York City, Carnegie Hall. Die New York Philharmonics unter ihrem Chefdirigenten Dimitri Mitropoulos spielen die Sinfonie Nr. 1, op. 3, von Gordon Sherwood. Nicht die ganze Sinfonie, sondern den dritten und vierten Satz, Adagio assai und Rondo – Allegro con brio. Mit diesen beiden Sätzen hatte der Komponist den renommierten George Gershwin Memorial Contest gewonnen. Überzeugt hatte er mit einem kühnen Mix: eine Spur Bartók, eine Prise Schostakowitsch, essentiell Sherwood.

Nicht die gesamte Jury allerdings hatte der junge Komponist für sich gewinnen können, die blieb lange gespalten zwischen Gordon Sherwood und einem anderen Bewerber, solange bis Mitropoulos persönlich entschied.

Gordon Sherwood ist damals 28 Jahre alt und auf dem besten Wege, ein berühmter nord-amerikanischer Komponist zu werden. Nach dem Erfolg in New York wird Aaron Copland, der Godfather der US-amerikanischen Musik auf den jungen Mann aufmerksam, lädt ihn nach Tanglewood ein, zu seiner berühmten Sommerakademie. Andere Tore öffnen sich dem jungen Künstler. Ein Fulbright-Stipendium führt ihn nach Hamburg, wo er bei Philipp Jarnach studiert und der NDR seine Werke uraufführt. Seine Studien schließt Gordon Sherwood in Rom ab, bei Goffredo Petrassi an der Accademia di Santa Cecilia. Jarnach und Petrassi sind beide eminente Vertreter der Neuen Musik, einschließlich der Klassischen Moderne. Italien verlässt der junge Sherwood in Richtung Griechenland, die erste Sinfonie im Gepäck, in Erwartung einer kompletten Uraufführung aller vier Sätze.

Die findet auch statt, allerdings 45 Jahre nach New York: in einer Turnhalle von Hinterschmiding, tief im Bayrischen Wald. Es spielt das Bayrische

Landesjugendorchester unter der Leitung von Werner Andreas Albert. Die Dorfturnhalle ist bis auf den letzten Platz gefüllt, diesmal nicht mit den Kennern und Liebhabern aus der Metropole, sondern mit braven Bayern, die nicht oft die Gelegenheit haben, derlei rhythmisch vertrackte, harmonisch knirschende Musik zu hören. Und das Publikum ist begeistert, jubelt am Ende dem anwesenden Komponisten zu, einem alten, zerzausten, humpelnden Mann von 73 Jahren. Das war 2002. Merkwürdig...

Das ganze Leben von Gordon Sherwood war merkwürdig. Geboren am 25. August 1929 in Evanston (Illinois, USA), gestorben am 2. Mai 2013 in Peiting (Bayern, Deutschland). Das klingt abgrundtief provinziell. Grenzenlos aber war sein Leben und grenzenlos seine Musik. Sein Leben: USA, Deutschland, Italien, Griechenland, Israel, Libanon, Ägypten, Uganda, Indien, Nepal, Singapur, Norwegen, Japan, China, Mongolei, Russland, Frankreich, Costa Rica, Argentinien, Ungarn, Irland, Portugal. Und immer wieder Deutschland. Eine große Reistasche für etwas Kleidung und eine kleine voller Partituren. Ein akribisch geführtes Tagebuch. Und eine Stimmgabel.

Immer unterwegs. Ruhelos. Rastlos. Auch ziellos? Gordon Sherwood konnte selbst nicht sagen, was ihn trieb, von Land zu Land. Ihm ging es, so darf man vermuten, weniger um ein Ankommen, als um ein Entkommen. Der Vater hatte aus ihm einen Militär machen wollen, ihn zu Kadettenanstalten geschickt, wo der Junge unglücklich war. Die eiserne Disziplin und dann, das war ihm wichtig zu betonen, „keine Mädchen". Irgendwann hatte der Vater ein Einsehen und erlaubte dem Sohn, Musik zu studieren, zunächst an der Western University in Michigan, wo der Hochbegabte ein Stipendium erhielt, dann an der Musikakademie Ann Arbor, Michigan, wo er mit dem Master of Arts abschloss. Danach eben Hamburg und Rom. Barpianist in Beirut. Staatskomponist in Kairo. Student in Nairobi (mit Kisuaheli-Diplom). Hippie in Goa. Bettler in Paris. Komponist allenthalben.

Sinfonien, Konzerte, Kantaten, Kammermusik, Solowerke. Geistliches (ein himmlisches Ave Maria). Weltliches: sechs Lieder für die Damenmode der Sechziger Jahre; drei Lieder für die Rank Xerox Corporation. Dazu ein Militärmarsch für Mohamed; ein buddhistisches Streichquartett; eine Bettlerkantate; eine Kenianische Kaffeekantate (auf eigene Texte). Und drei Lie-

der für Muhamed Ali, den dreifachen Boxweltmeister. Der war als Kriegs-
dienstverweigerer lieber in den Knast gegangen als nach Vietnam, das hat dem
Pazifisten Sherwood tief imponiert.

Gordon Sherwood war mit allen musikalischen Wassern gewaschen, er
beherrschte alle Gattungen, meisterte sämtliche Stile. Alles stand ihm zu Ge-
bote, und so gelang ihm eine verblüffend gelehrte Durchdringung der Musik-
geschichte, von der Frührenaissance bis zur Moderne. Nur für die Zwölfton-
technik fühlte er sich zeitlebens „nicht reif genug". Dieser Mann spielte mit
der Musik so wie andere mit dem Feuer: ein bisschen brisant, ein bisschen
riskant, ein bisschen galant. Er fügte zusammen, was nicht zusammengehört.
Es passte trotzdem. Das „Schwierige" an dieser Musik dürfte sein, dass sie in
keine Schublade einzuordnen ist. Unverkennbar ist zwar der Einfluss von
Komponisten, die während seiner jungen Jahre in der Instrumentalmusik ton-
angebend waren: Schostakowitsch, Copland, aber auch Bartók und Gershwin.
Und Johann Sebastian Bach, der sowieso. Dazu kommen die Anregungen, die
er vor allem im Nahen Osten erhalten hat. Das Ergebnis indes ist keineswegs
Eklektizismus, sondern eine lebenslängliche, kompromisslose Suche nach der
„idealen Musik", die für Sherwood in der „Fusion aller Stile" hätte kulminie-
ren sollen.

Musik also buchstäblich als Spiel, als ein unbedingt ernstliches und unge-
mein lustvolles Spiel mit den kompositorischen Elementen, die Gordon Sher-
wood kenntnisreich und zugleich mit beinahe kindlichem Gemüt wie Bau-
klötze montierte, demontierte und neu zusammenfügte, nach eigenem Gusto
und mit sicherem Gespür.

Lustvoll? Jedes unvollendete Werk betrachtete er als einen „Feind", die
Befriedigung brachte ihm der Sieg über diesen inneren Gegner. Heraus kam
bei alledem kein naives Sammelsurium, kein zynischer Ironismus postmoder-
ner Herablassung. Was ihn leitete, war pure Neugier; was er erreichte, war ein
präziser Personalstil. Unverwechselbar und unbeschreibbar. Man muss es
hören.

Gar nicht so einfach, es zu hören. Die meisten Werke Gordon Sherwoods
sind unveröffentlicht, was gewiss nichts mit deren Qualität zu tun hat. Wenn
Sherwood nahezu unbekannt ist – oder, wie er das selbst gesagt hat: „der be-

kannteste aller unbekannten Komponisten" – , so, weil ihm die Welt des Kulturbetriebs und der Musikvermarktung vollständig fremd geblieben war. Berühmt werden hat er gewollt, oh ja, aber wie sowas geht, davon hatte er keinerlei Ahnung.

Gordon Sherwood also: ein genialischer Künstler, ein Komponist ohne Fortune. Einer, der in Ägypten hätte Professor werden können und dankend abgelehnt hat. Inmitten seiner zukünftigen Kollegen fühlte er sich als Fremder unter Fremden. „Sie konnten mich nicht richtig verstehen. Ich sollte Kontrapunkt-Unterricht geben, nach Musiktheorien, nach Fux. Das hat mich nicht so wahnsinnig interessiert." Ein Starrkopf, dieser Sherwood.

Hat es ihn mehr interessiert, sein Dasein in Paris als Bettler zu fristen? „Ich bin kein Bettler. Ich bin Selber-Sponsor. Aber ich sponsore mich selbst. Das sage ich oft zu den Leuten. So dass sie Bescheid wissen, daß ich kein Bettler bin. Weil ein Bettler nach meinem Gefühl ist irgendwie ein Mensch, der immer arm ist. Arm im Geist genauso wie in der Tasche. Zu dieser Klasse gehöre ich nicht." Nein, zu dieser Klasse gehörte Gordon Sherwood nicht. Und hat dennoch in Paris gebettelt, acht Jahre lang, Tag für Tag. Für ihn war das Arbeit. Eine ertragreiche Arbeit. 150 Euro täglich, im Durchschnitt, so hat er selbst berichtet. Nach „Feierabend" hat er dann komponiert.

Nachsehen, fast nachfühlen, lässt sich dieses prekäre Leben in einem Film, den Erdmann Wingert und Heiner Sylvester 1995 im Auftrag von ARTE gedreht haben: „Der Bettler von Paris". Eine poetische Dokumentation, die anschaulich macht, dass das Bettler-Milieu keineswegs romantisch ist, sondern ruppig, und die zeigt, wie unbehaust dieser zottelhaarige, hinkende Komponist in der Seinestadt ist.

Von dem geschnorrten Geld leistete sich Gordon Sherwood seine Reisen. Und sein kompositorisches Schaffen. Schwierig, da eine künstlerische Entwicklung auszumachen. Der junge Sherwood, der reife Sherwood, der späte Sherwood. Bei ihm scheint alles von Anfang angelegt. Im Laufe der Zeit wird das variiert, modifiziert, rezykliert. Gelegentlich kamen neue Anregungen hinzu: die indischen Tonskalen, afrikanische Rhythmen. Und der Jazz: „Übrigens habe ich den Jazz entdeckt auf komische Art und Weise. In Italien oder in Europa hat mich die orientalische Musik mich begeistert. Aber plötzlich war ich in Libanon, und dort hab ich mich für Jazz und Blues plötzlich begeistert." Gordon Sherwood gehörte zu denen, die sich über sich selbst wundern können.

Aus einem Thema einer Cello-Sonate für eine schöne Costaricanerin, die er nie vollendet hatte, weil die junge Dame aus den Augen des rastlos Reisenden entschwand, entwickelt Sherwood viel später das Klavierkonzert Nr. 1, das er Masha Dimitrieva gewidmet hat. Es ist im Tonfall ein neoklassizistisches Werk, das er gemeinsam mit der russischstämmigen Pianistin erarbeitet hat. Tagsüber hat er komponiert, abends hat Masha Dimitrieva die Passagen vorgespielt, und so entstand diese komplexe Komposition, die dem 75-Jährigen sein CD-Debüt beschert hat (zusammen mit der dritten Sinfonie und einer ungemein heiteren Sinfonietta; leider vergriffen, hoffnungsvoll fügt man hinzu „derzeit").

Die Idee für das Klavierkonzert war ihm Jahre zuvor gekommen. „Das war 88, als ich in Taos, Bundesstaat New Mexico, war", erzählt Sherwood rückblickend. „Ich hatte ein Stipendium, in einem Haus zu arbeiten, wo ich einen Flügel gehabt habe. Ich habe dieses Thema einfach auf dem Klavier improvisiert, gespielt, und plötzlich hab ich gedacht: Ah, das ist nicht fürs Klavier, das muss für Orchester sein. Ich habe gleich alle die Instrumente gehört, die Streicher, dann später die Bläser. Aber das war nur eine Skizze. Dann hab ich's beiseite gelegt, weil ich auf andere Sachen konzentriert habe, und dann, etwa acht Jahre später, plötzlich bin ich zu dieser Idee gekommen, das ist eine Skizze. Das muss irgendwie verarbeitet werden. Dann ich habe den langsamen Satz, was ich acht Jahre früher angefangen habe, zum Ende gebracht."

Typisch Sherwood. 143 Kompositionen umfasst sein Œuvre. Alle sind geradezu kalligraphisch notiert, seine Handschrift wirkt wie gedruckt. Die meisten Werke warten, wie bemerkt, bis heute darauf, gespielt zu werden. Andere schafften den Weg ins Konzert an unvermuteten Orten. Wiederum typisch Sherwood. Ein Konzert mit Uraufführungen von Kammermusikwerken fand im Februar 2007 im MARTA Herford statt, dem von Frank Gehry konzipierten und damals von Jan Hoet geführten Museum für zeitgenössische Kunst und Design. Es spielte das „ensemble fermarta", bestehend aus Musiker/innen der Nordwestdeutschen Philharmonie, unter Beisein des Komponisten.

Noch kurz vor dem Konzerttermin am 2. Februar galt Gordon Sherwood als verschollen. Schließlich wurde er doch noch aufgespürt, irgendwo in Paris. Einen Tag vor dem Konzert traf er mit dem Zug in Herford ein. Er war mit dem Thales nach Köln gereist und dort der Hilfe von freundlichen Bahnbediensteten in den richtigen Zug weitergeleitet worden. Völlig erschöpft traf er in Herford ein. Seine ersten Worte (auf Deutsch) waren: „Ich habe festgestellt, dass es von Köln bis Herford genauso weit ist wie von Kairo bis Alexandria." (Der Autor dieser Zeilen, der Gordon Sherwood damals am Bahnhof begrüßt hatte, hat sich im Internet überzeugt: Es stimmt genau!)

Im MARTA erklangen u. a. sein „Klassisches Streichquartett", ein „Bläserquintett" sowie eine Auftragskomposition „Quodlibet für MARTA", die Händels „Feuerwerksmusik", Gershwins „Rhapsody in Blue" sowie das Volkslied „Üb immer Treu und Redlichkeit" zu einem irrwitzig verspielten Stelldichein verband. Dazu gab es ein Quartett für Blechbläser, das tatsächlich schon einmal zuvor eingespielt wurde: in einer schwer erhältlichen Aufnahme des exzellenten Ensembles „Trombones" aus Costa Rica…

Die Lust an der Grenzüberschreitung führte Gordon Sherwood auch zu den „Dissidenten", diesen Veteranen der Weltmusik. Anlässlich ihres zwanzigjährigen Bestehens entwickelte die Gruppe gemeinsam mit Gordon Sherwood und dem Dirigenten Peter Feranec sowie in Zusammenarbeit mit dem „Danubian Orchestra and Choir", Bratislava, Charlie Mariano (Saxofon), Barbara Buchholz (Theremin), Stefanie Seidl (Videokunst) und einer Schulkasse des Tuttlinger Gymnasiums die dokumentarische Oper „Das Gedächtnis des Wassers" („The Memory of Waters") für Orchester, 28-stimmigen Chor, Band und Computer. Die Oper wurde im August 2000 beim „Internationalen Donaufestival" in Ulm uraufgeführt, live übertragen vom SWR, und danach 2005 in Pamplona beim Navarra-Festival. Eine Aufnahme in reduzierter Besetzung ist kürzlich bei „Exil Music" erschienen.

Zu den wenigen verfügbaren Einspielungen von Gordon Sherwoods Werken gehören einige Stücke für Harfe solo, eingespielt – zusammen mir Werken von Lou Harrison und Erik Satie – durch Xenia Narati (auf ihrer CD „Xenia Narati – Solo"). Einige seiner Klavierwerke, die den Boogie Woogie im Gewande frühbarocker Kanonformen präsentieren, hübsche musikalische Späße, bietet Masha Dimitrieva auf ihrer CD „Tänzerische Rhythmen" virtuos dar.

Masha Dimitrieva: Sie ist nicht die einzige, die sich für Gordon Sherwood begeistert hat, wohl aber diejenige, die sich am meisten um sein Werk verdient gemacht hat. Aufmerksam geworden auf den Globetrotter-Komponisten war sie durch den ARTE-Film „Der Bettler von Paris". Sie war sofort fasziniert von diesem Mann, fragte beim Sender an, erhielt die Auskunft, sein Aufenthalt sei unbekannt, aber Frau Dimitrieva möge doch bitte ihre Adresse hinterlassen. Eines Tages stand er vor ihrer Tür in Bremen. Die Begegnung schildert sie in einem Gespräch mit dem Autor dieser Zeilen für eine Hörfunksendung des SWR:

„Es war ein sehr langer, hagerer Mann mit Riesenbart und unglaublich wachen blauen Augen und unglaublich freundlich. Da sagt er, bist Du Masha? Und dann: Setz Dich bitte ans Klavier! Es ging sofort los, also ohne Wenn und Aber oder Teetrinken und ein bisschen Plaudern. Und dann haben wir unsere musikalische Session angefangen. Ich habe acht oder neun Stunden am Klavier alles Mögliche aus meinem Repertoire gespielt, wobei Gordon immer nach den Noten gefragt hat. Der wollte unbedingt wissen, wie dieser Komponist diese Melodieführung macht, wie sieht die Form aus, was macht er hier, wie kommt er zur Kulmination und so weiter und so fort. Und ich sah, dieser Mann ist wie ein Kind, der ist bereit zu lernen. Und so ist unsere musikalische Freundschaft entstanden, die bis zu seinem Tod in 2013 dauerte."

Gestorben ist Gordon Sherwood in Herzogsägmühle, einer Einrichtung der Diakonie in Peiting am Fuße der Alpen. Da konnte er, den seit langem ein steifes Bein plagte, gar nicht mehr laufen. Auch hatte er das Komponieren aufgeben müssen, geschwächt und gebrechlich, wie er inzwischen war. Aber träumen, das konnte er noch: Sein größter Wunsch war, seine 3. Sinfonie aufgeführt zu wissen, die „Blues-Sinfonie", mit sechs Saxofonen. Sie trägt ihren Namen zurecht: Der zweite Satz folgt exakt dem Blues-Schema. Im April 2013 erfuhr er, dass das Orchester des Staatstheaters Cottbus unter seinem Chefdirigenten Evan Christ die Uraufführung realisieren würde, und zwar am 2. Mai 2014. Genau ein Jahr zuvor, am 2. Mai 2013 konnte Gordon Sherwood diese Welt verlassen. Und wäre doch so gern dabei gewesen, um alles zu sehen, vor allem zu hören: die temperamentvolle Aufführung, den kräftigen Applaus, die Übertragung im MDR einige Tage danach.

Bei der Beisetzung auf dem idyllischen Friedhof von Herzogsägmühle, auf einem Hügel, von dem man die Zugspitze sehen kann und auf dem sehr alte Bäume tröstende Schatten spenden, rief just, als seine Urne das Erdreich berührte, direkt aus dem Laub darüber, ein Kuckuck. Genau in dem Moment, genau ein einziges Mal. Als ob, so kam es den Anwesenden vor, Gordon Sherwood noch einmal schelmisch grüßen würde.

Seine Vision hat er so formuliert „Well, der Weg zur Musik scheint mir zu sein: irgendwie eine perfekte Fusion aller Stile. Ich weiß nicht, ob das möglich ist, aber ich bin auf dem Wege. Ich meine, den Jazz und den Klassik und das Orientalische und alles zusammenzuziehen in ein einziges Stück, das irgendwie noch Einheit hat. Das wäre wahrscheinlich ein Gefühl, daß ich doch etwas erreicht habe, endlich."

Hat Gordon Sherwood etwas erreicht? Sein musikalisches Erbe hat er Masha Dimitrieva anvertraut. An ihrem jetzigen Wohnort bei Ingolstadt hat sie ein eigenes Label gegründet, namens Sonus eterna. Hier soll künftig manches, noch unveröffentlichte Werk von Gordon Sherwood erscheinen. Zudem plant die Pianistin die Gründung eines Musikverlags, um auch die Werkpartituren öffentlich zugänglich zu machen.

Und es gibt ganz konkrete Projekte. Seine Blues-Sinfonie wird veröffentlicht werden, voraussichtlich im Herbst 2015, bei cpo mit dem Orchester des Staatstheaters Cottbus unter dem Dirigat von Evan Christ. Zuvor aber, vom 24. April bis zum 3. Mai 2015, wird das Theater an der Rott in Eggenfelden ensuite mehrere Werke von Gordon Sherwood als Tanztheater auf-führen. Choreographin ist die Irin Marguerite Donilon, am Klavier: Masha Dimitrieva. Zuständig für Bühne und Licht ist Ingo Bracke, der auch Videos einspielen wird, in denen der Meister selbst zu sehen ist: mit seiner Interpretation des ersten Preludes aus Johann Sebastian Bachs Wohltemperiertes Clavier. Zu Gehör kommen dort (zum Teil erstmalig) Kompositionen von Gordon Sherwood: Auszüge aus seiner Bettlerkantate, das Ave Maria, eine Dance Suite und weitere Werke. (http://www.theater-an-der-rott.de/index.php/stuecke)

Gordon Sherwood wäre nur zu gern auch dabei gewesen. Aber vielleicht hört er es ja doch, sein Konzert: in Gestalt eines Kuckucks, verborgen irgendwo in den Kulissen. Das wäre jedenfalls typisch Sherwood.

SUSANNE SINN
Zehn Gedichte

ANWENDUNG

I
die spitzen der zweige im abstand
zeit unter ranken gedehnt. echoränder
hinein ins material: dauerlicht

II
das noch warme geheimnis. aufsteigend
in die haut gestachelt. in luft gesetzt
narkotisch, die schwelle

III
zart wattiert. die hände, schaukeln
gewissheit, rohes verfahren. hinauf
schwingt das lachen

IV
zurück. sind wir sichtbar. umfasst
zum moment hin. ausgeformt
die beugung, schlingen

V
nach oben wachsende schatten
eine anwendung des waldes
im losen raum

GEFLECHT

auf den blättern glanz. zu
tag zu beginn, vergehendes
schnell bist du, zwischen birken
das licht. die gestalt aus borke
papierdünn gerissen, abrupt
die zeichen *teile. staub, blüte*
mulde aus sand, atemgerippt
die unruhe, gefiedert

in zweigen gehalten, surren
der schatten, gefalteter traum
in den monitor geduckt, *es war.*
ein krater. von regen und tod
ausgeklappt, die kugelfrüchte
erinnern *tanzt haltlos* das, sein
verwerfen, sinkende formen
teile. zittern, zerspalten

die zeit. eine haut aus luft
drehung der tage, beharrlich
schlägt wind unter jedes. zieht
das schleppnetz verschwinden
den körper. *ein läufer, schnell*
dokumentiert im geflecht
lange vor den blicken:
das nehmen flimmert

AUSSCHWINGEN (RITUALE)

I
die zeit nach dem aufwachen
fließt zartgesichtig *glaub mir*
säumt weiß die kante entlang
haut und bild: *wir, so hungrig*
hinein in den lauf aus holz
tang und schalen und zapfen
sagt anne, sie wird nie geliebt
sagt linda, sie findet immer einen
hörst du taumelnd die wendung
von leichter dünung bewegt
angespült ein verlangen die
weichheit von schlamm und
wind getriebenem vergleich
unablässig auf uns geworfen
gerade linien zu schwimmen
vom ufer hinaus aufs meer
tragen die körper die tiefe

II
flackern wünsche und spalten
den tag in himmel und küsten
zerborstene frist du versteckst
die wildniss gefächert in den
abstand von möwen bemessen
ein löschvorgang dieses licht
das erinnern in luft zertrieben
der atem aufgeblendet steigt
ins grelle blau eine folie leicht
der versuch die luft zu heben
das sinken instabil die abfahrt
hier: im unterschied zu früher
oder später rollt die titanic
die beugung erwartet *weit*
reist du in deinem schatten
fällt zusammen eins, ein zweites
treibt die masten hinauf

JAGD

I
quadratblick. zwischen tannen geklafft
ins unterholz *wenn sie nicht* stammelnd
entfernung geworfen. flecken, auf haut
zur sicht gerieben, auf nie_der aus rinde
heraus geschattet ver – zwei – gung in
luft und schwinden. starr getreten, die
federstücke. hitze, schaumig gelöst
wider die innenseite des handgelenks
die spur, von flechten überzogen
pulst wacholder nadelzeichen

II
finger. dunst, lautes ertasten von grund
über fließend die körper. greift fremdheit
die beute. auf dem weg flattert *passt nicht*
die stirn dagegen. fließt aus scheinwerfern
bestimmung. der ort, auf jetzt gewirbelt
die atmung, knisternd hoch geregnet
am boden aufgeklappt, das versteck
die beine, blendend gebeugter farn
fest gezurrt *wie es anfing*: ein zittern
aus wolken aufliegend

III

stimme. harsch, die schicht über außen
gezogen - der atem *ach* entkiefert den
sturm. lauter fäden zu lücken gewebte
gestalt. auf knien, achtsam geschürft
eine lichtung, nichts weiter. flackernd
im anschein, der moment unter_holz
die flanke verharzt, am saum entlang
dehnen schatten die nacht in die zeit
in gräser gestreckt, in entfärbtes moos
aufgenommen, die spur

SCHNEEAFFEN

wir *schlafen*. die oberfläche aufgeschleiert
vorhergesehen wie weiße kreide. der ausfall
von schatten. grau konstruiert im augenblick
zerrinnt die landschaft. in wogen verdunkelt
aus feldern und wolken. negative die bäume
aus der stille die steigung. randwirbel lose
tropfen am tragwerk. zeichen aus tusche
gespindelt im sechzehnten jahr. nach innen
wie vögel im flug. der lidschlag ein kentern
in luft fixiert. der regen reglos *bleibt*: schlaf
eine grobe distanz. das schlingern im stoff
aus atemranken. in tuch hinein gewachsen
nach außen gestrichen. auf großleinwand
der quellcode. uns eingerüstet der traum
das ortlose bleiben. ein blitzlichtdämmern
geistert uns. über den abstand

NAVIGATION

segel, tiefer bass im tag. in rauch gefasst
jetzt, position im gegeneinander. die gestalt
du bist. flüstert er in den nacken des freundes
zerfingerte hydra, von fremder stimme entkleidet
in der plastikbox nach dem fang, lichtzerfleddert
entlang scharfer kanten getragen, dein körper
geborgen. ereignis, fracht in seidenschachteln
gesichert an meridianen, das quadrat himmel
errechneter ort. *von beiden armen umfasst*
wirbelgebiet und netz, aufgerissen zur sicht
der kurs entlang von gestirnen, eine wendung
markiert. draußen am grund abwesenheit

DISTRICT LINE. *CUT AND COVER*

funkenflug, *geriffelte klinge.* in einem
nicht hörbaren rauschen, an was war gebunden
an diesem ort leben reisende
atemverhüllt, die landschaft aus laufbildern
auf einer achse der district line = dämmerung
this is my home. aufgeworfen im schwarm
das gesicht *durchscheinend* tauchen die anderen auf
scheibchenweise erdachter gewissheiten trockene häute
in den schutt der häuser klopft unruhig
die kappe des schuhs. wenn stimmen ankommen
im wind voraus, ferner sprachen körper
junge mit gesenktem kopf, jetzt im bild
vor aller augen sein. hier antworten
wenn die worte sich stellen wie gitterbetten
der kreis kleiner. geschälte fragen, dicht und schmutzig
wenn abgeschirrt ist, alles weiß oder grau
abgetupft und durchstochen. die kälte
fast dort. wenn alle durchtrennt sind
herausgeschnitten nur, was leuchtet

THAMES. *EINSTRAHLUNGEN*

am ufer drehen sie die gesichter
nehmen wind auf, dabei die ferne
zarte stelle im nacken des darstellers
entkleidet zum zerbrechlichen zeichen
die fallenden blätter, entflammbares bild
gewendet jetzt in die enden der zweige
seite für seite, schlafloses flattern
in hotelfluren aus immer brennendem licht
von tür zu tür, die skyline flackert
in cartoonaugen, süß und fremd
wait. ein melancholischer gedanke
unruhiges haar zu leuchtbändern geworden
follow. aus der straße ein fisch, der moment
gebogen im sprung grauer himmel
avatar, die flosse gestellt, das fallen
zuckender glanz, übertragung. im fluss
die stadt. ein ankommen und zurückweichen
löscht was platz nahm, nicht ist

FLUGGELENK

nicht hier sondern dort, wo
kobaltfarbene zangen von meerestieren
nach oben zeigen, taumeln maschinen
blitzen herzrhythmen satzanfänge
wenn wir ins wortlose fallen
hunde mit elchohren jagen sekunden
das unlesbare knistern im bauch
ranken tage an sprossdornen, metall zu sand
sommernächte sind winternächte, beugst du dich
hitze in mein schulterblatt sprechend
über den rand

das *nächste stück fläche*, leuchtend beschlagen. die ränder
rauschen in einem außenton

die verfügbaren muster: *wellen*. oder all unsere *schiffe auf see*
das bewachen der einsamkeit rastlos

dem brustkorb entkommen, die koordinaten von namen
der mögliche wandel splittert sich frei

im jetzigen raum strömen inseln die zeit, das gedächtnis
ein hörspiel drehend umfasst

wirbelt außer kontrolle: *es war einmal*, den südlichsten punkt
eine wirklichkeit weit

KLAUS WILDENHAHN
Drei Gedichte

GESCHLOSSENE STATION

Wir sagen, ein Mann wächst,
breitet sich in verschiedene Richtungen.
Es ist ganz richtig so, ein Mann
muß sich nach außen wölben,
seine Klugheit,
seinen Mut,
die Geschicktheit seiner Augen.
Dies gehört sich für einen Mann.
Dies macht sein Leben.
Denn er ist kein Abfall.
Mit jenem war es anders.

Jeden Tag sah er eine geheime Gefahr durch seine Stadt ziehen,
unmerklich, sanft als schiebe sie einen Kinderwagen.
Fragen beantwortete er respektvoll
oder mit einem Wutanfall,
genau als stände er ewig im Angesicht eines Katheders,
besetzt von einer nur ihn bedrohenden Macht.
Darum auch bildete er sich ein,
jedes Flüstern habe ihn am Kragen.
Es wuchs nichts im freudlosen Sand seiner Seele.
Er lernte nichts.

Nur vielleicht eine Fremdsprache der Fernzüge
und Metzeleien,
ihre traumverbundenen gebührenfreien Aufschriften
und merkte sich zusammenhanglos
Verdun Wagon-Lit Waterloo.
Er pfiff nie den Wind in die roten und schwarzen Segel
über dem Hunger der Frauen.

Hatte er Talente oder Triebe,
wurden sie nur von der Rückseite seiner Augen erkannt.
Die wach ist, wenn sein Kindgesicht schläft.
Er bekannte sich zum Hunger
und manchmal zu einem unverständlichen Lachen.
Weiter gab er nichts zu.
Nicht einmal den Hang zur Geborgenheit.
Der Welt zeigte er seinen Rücken.

Seine Seele
fand keinen uns verständlichen Ausdruck.
Blicklos, auf zerbrochenem Kiel
scheint sie in eine Dunkelheit hinter seinem Herzen
gesunken, eingetaucht in die Slums seiner Herkunft
endgültig, über sich
nur Unwesentliches lassend,
ein bewegungsloses Gesicht,
eine Geste,
die nie ihr Ziel erreicht, sondern sich immer wiederholend
gefangen zu ihrem Beginn zurückkehrt.
Nein, seine Seele fand keinen verständlichen Ausdruck
für uns. Und doch
wartet sie nur darauf
eines Tages
als ein vergessener Teil von uns
zwischen uns in das Leben gerufen zu werden.

LET US NOW PRAISE FAMOUS MEN
Arbeitstagende

Gepolsterte Bestuhlung Redaktions
konferenz nochmal meine Vorbilder
aufgetischt
also
fatalistisch abirrende Erzählverfahren
topographisch gehorsam
Geräusche von Schüchternheit
und doch

Pausenzeichen

als Form vielleicht denkbar
ein Lampenschirm opak
das Lichtfeld auf dem Linoleum auslaufend
wie ein intim und spekulativ entworfenes Osterei

Sturzflug gegen Abend
Das angloamerikanische Vokabular im Leerlauf
des gelbgestrichenen Bürotrakts
Zwanzig Minuten eingeschlafen neben dem Haustelefon 4781
An der geleerten Pinwand noch
Dana Andrews mit Hut
und dies Foto von Monroe
auf einer Bank im Central Park sie breitet
die New York Times zwei Armeslängen weit
Summertime
die übereinandergeschlagenen Beine sind gewichtiger
als im Kino

Auf dem Gepäckständer unter Vorortbäumen
zwei Leitzordner Zeitungslektüre
Zwischen den Zeilen
angelesenes Pessoaland fortgeschrieben

Lutherbuche Ecke Grandweg
Vater verschwand
vom Balkon nach Niendorf
durch einen hundertachtzig mal siebzigbreiten Zugang
vor fünfunddreißig Jahren
der alte Freelancer Fleißhasardeur halbgebildete
Steuerschuldner
Ein Glas Sekt trotz Allergie der Kopfhaut
me too
noch eins drauf
leiste mir eine Tankstellenjacke mit Taschen extra
für Kugelschreiber Zeitungsbrille Kleingeld nach
Übersee
Mitsommer fünfundneunzig Schafskälte
laß nach

EPIPHANIE ANFANG JULI
Ostende 8 Uhr 30

Gerade offen das kleine Eckcafé am Strand neben dem Bäcker wo die lebhaf-
ten Frauen der belgischen Bauarbeiter im einheitlich geregelten Jahresurlaub
anstehen für das erste Croissant des Tages dazu SACCO UND VANZETTI
von CD und ich lese

> bis die entblößten
> Sätze
> sich wie Frauenbeine
> unterm Kleid bewegen

> sentences
> move as a woman's
> limbs under cloth

und heule
ein wenig
Beisammen
unerwartet früh
die 3 Notwendigkeiten
wiegenliedähnlich der Refrain
einer Vorstadtmusik
und die pornographisch genaue Gebrauchsanweisung
von diesem Ami geschrieben
vor mir
wie für mich
neben Tasse und Brot
auf der saubergewischten Tischplatte

MICHAEL GIRKE
Wechselndes Licht

Skizzen zu einer Poetologie des Mündlichen.
Zweite Lieferung.

MICHAEL GIRKE:

*Haben Sie als Junge die von Amerikanern, Engländern oder Russen nach Deutsch-
land mitgebrachte Kultur wahrgenommen?*

KLAUS WILDENHAHN:

Wahrscheinlich sahen wir ein paar russische Filme. Aber in Potsdam war alles
zerschossen, Berlin völlig zerstört - das der mich dominierende Eindruck da-
mals. Das mit der Kultur setzte erst später ein. Da lebten wir in Schmargen-
dorf, im Britischen Sektor. Im amerikanischen, am Breitenbachplatz, gab es
ein Kino, das Lido. Man musste eine halbe Stunde hinlaufen, konnte aber
amerikanische Filme sehen. Das war, wenn man so will, mein kulturelles Aha-
Erlebnis.

Welche Filme konkret?

Ich erinnere mich mehr an Gestalten, an bestimmte Haltungen. Beispielswei-
se an Humphrey Bogart. Die für mich bis heute schwer definierbare Haltung
schauspielernder amerikanischer Männer … etwas unterkühlt, aber humorvoll
… das hat mich schwer beeindruckt.

*Klaus Theweleit hat einmal die eindrückliche Körperlichkeit amerikanischer Schau-
spieler beschrieben. In deutschen Filmen der 1930er- bis 60er-Jahre hingegen, sagt
er, werde jegliche Körperlichkeit verdrängt … da ginge es schrecklich verkrampft, ja
asexuell zu.*

Das stimmt. Man kann lästern über die Amerikaner, tausend Gründe finden, ihnen kritisch gegenüber zu stehen, aber für uns war da sehr viel zu finden. Sie dürfen nicht vergessen: unsereiner war mit deutschen Soldaten in Uniform aufgewachsen, die immer zackig zu sein hatten. Und auf einmal kamen diese so ganz anderen Amis in unseren Blick ... vielleicht spielte irgendetwas in der damaligen amerikanischen Erziehung eine Rolle: dass den Kindern immer ein Stück Eigenverantwortung mitgegeben wurde ... war ja bei uns überhaupt nicht der Fall ... hier mussten die Kinder parieren, was ja der in dieser Hinsicht sehr eindrückliche Film „Das weiße Band" gut zeigt ... dieses „Ja, Herr Vater, ja, Herr Lehrer", diese unbedingte Autoritätshörigkeit ... heute hat sich das sicherlich geändert, auch dank der Achtundsechziger, aber da wirkt auch noch etwas nach, das ist sehr schwer fassbar ...

... für einen Bewunderer Bogarts läge es nahe, Spielfilme machen zu wollen ...

... war bei mir nie der Fall! Da fehlt mir irgendwas, was ich, Gott sei Dank, rechtzeitig erkannt habe. Aber noch mal zurück zu dieser so anderen Seinsweise der Amerikaner. Die drückte sich ja auch in der amerikanischen Spielart des Dokumentarfilms aus, dem Direct Cinema, das nach dem Kriege aufkam. Auch hier zeigte sich diese Haltung, anders, freier mit Dingen umzugehen. Man missachtete beispielsweise die kunstvolle Kadrierung, legte auf andere Dinge Wert, nämlich darauf, den Zufall gelten zu lassen ... man ließ sich ohne vorgefassten Plan auf etwas ein.

Sie haben einmal geäußert, Sie hätten erst durch die Sprache angloamerikanischer Literatur Zugang zu vielen Dingen gefunden. Was genau bedeutet das?

Als der Krieg zu Ende war, da war ich vierzehn Jahre alt und mein jugendlicher Kopf, ob ich wollte oder nicht, voll von Nazi-Propaganda. Sie können sich diese Zeit nicht vorstellen ... es dröhnte von allen Seiten auf einen ein ... schaltete man das Radio ein oder musste bei der HJ anwesend sein, wurde in einer bestimmten Tonlage gebrüllt ... man war fortwährend diesen abgehackten Kommandosätzen ausgesetzt. Die Kurzgeschichten von Hemingway, später die Romane von John Steinbeck – das war eine andere Welt. Eine ganz andere Art, Dinge zu sehen ... das gab Orientierung.

Und diese Literatur bewirkte wiederum, dass ich später beim Filmemachen immer auf Dinge achtete, die anderen nicht so wichtig waren, Nebensächliches. Aus vermeintlich nebensächlichen Situationen entwickelt sich manchmal etwas ganz Eigenes. Sitzen sich zwei Leute gegenüber, entsteht zuweilen bloß eine Atmosphäre des Wartens ... vielleicht aber, unvorhersehbar, drückt sich in diesem ganz alltäglichen Geschehen etwas Besonderes aus. Im Zusammenhang eines Filmes machen Alltagsmomente oft ganz eigenartige Zusammenhänge sichtbar ... also sollte man als Filmemacher nicht dauernd ins Geschehen eingreifen wollen.

Das Besondere einer Situation ist einem während des Drehens bewusst ...

... ist einem bewusst. Ich habe während des großen Bergarbeiterstreiks in England gedreht. Ein Arbeiter lud das Team zu sich nach Hause ein. In meinem Film gibt es eine Szene, in der dieser Arbeiter von einem Kumpel zu einer Streikaktion angeholt wird. Wir bleiben mit der Ehefrau und den Kindern zurück, die kaum etwas zu essen haben. Und dann macht die Mutter ein Sandwich, während ihr Junge, um sich irgendwie abzulenken, Fernsehen guckt. Das Sandwich ist ganz mickrig, vertrocknet. In dieser unscheinbaren Beobachtung steckt sehr vieles: man kriegt auf einer emotionalen Ebene etwas davon mit, was es bedeutet, einen Streik ohne Streikgeld durchzustehen.

In einem Gespräch äußerten Sie einmal, sowohl Spiel- als auch Dokumentarfilme seien voyeuristisch, aber Dokumentarfilme wären anders voyeuristisch.

Ja. In der besagten Szene filmten wir die Armut dieser englischen Familie, aber wir waren sicher nicht auf einen Kick aus. In einem Spielfilm würde solch ein Moment größer gemacht, viel dramatischer inszeniert, als es die Alltäglichkeit hergibt. Bei dokumentarischen Momenten schlafen viele Leute ja ein, aber für diejenigen, die sich darauf einlassen, kann das bedeutsam werden, auch schön.

Hier einige Zeilen aus einem Gedicht von Ihnen, der Titel „Fluchtweg Ostende":

„Straßenbahnzwischenland
Knokke bis Grenze Chanson
Flaute im subventionierten Fährbetrieb
Die untergegangene Emigration
Mal fällt Nebel lichtet sich."

In den Zeilen ist ja mehr als das Gegebene, als die belgische Gegenwart präsent …
auch die längst vergangene Kriegszeit …

… ist in Schriftform natürlich leichter als in einem dokumentarischen Film zu
handhaben. Aber das Gedicht besteht, wie ein Dokumentarfilm, aus lauter
Nebensächlichkeiten, die montiert sind. Ich habe das in meiner Arbeit nicht
zu Ende führen können, aber es interessiert mich nach wie vor, und ich rede
öfters mit anderen Filmemachern darüber: wie kann man die lange Weile, die
Dauer, mit der wir alle irgendwie umgehen müssen, ästhetisch interessant ma-
chen? Als in den 1980ern die großen Streiks im Ruhrgebiet waren und ich
Filme darüber machte, fuhr ich nicht sofort hin, sondern erst viel später, sozu-
sagen in der Zeit nach dem Drama … als der Alltag, in den letztendlich alles
eingeht, zurückkehrte. Irgendwie versuche ich, ein Gefühl oder Interesse für
solche Momente weiterzugeben … etwa für das, was zufällig aus einem offe-
nen Fenster zu hören ist … den Klang des gegebenen Augenblicks, des Mo-
ments. Für mich: ein Film.

aufgeschlagen.

*

Die Mitglieder des *offenen felds* sind leidenschaftliche Leser; dies sind ihre Lieblingsbücher des Jahres 2014.

Klaus Anders

1. Paul La Cour: Fragmente eines Tagebuches. Kurt Georg Schauer, Frankfurt a.M. 1953.
2. Solomon Wolkow: Stalin und Schostakowitsch. Der Diktator und sein Künstler. List Verlag, Berlin 2006.
3. François Jullien: Über das Fade — eine Eloge. Zu Denken und Ästhetik in China. Merve Verlag, Berlin 1999.
4. Peter Hersche: Muße und Verschwendung. Europäische Gesellschaft und Kultur im Barockzeitalter. Verlag Herder, Freiburg im Breisgau 2006.
5. Bruno Schulz: Die Zimtläden. Carl Hanser Verlag, München 2008.

Jürgen Brôcan

1. Thilo Krause: Um die Dinge ganz zu lassen. Poetenladen, Leipzig 2015.
2. Roland Buti: Das Flirren am Horizont. Nagel und Kimche, München 2014.

3. Dorothea Grünzweig: Kaamos Kosmos. Wallstein, Göttingen 2014.
4. John Eliot Gardiner: Bach. Music in The Castle of Heaven. Alfred A. Knopf, New York 2013.
5. J.A. Baker: Der Wanderfalke. Matthes und Seitz, Berlin 2014.

Michael Girke

1. Martin Pollack: Kontaminierte Landschaften. Residenz-Verlag, Salzburg 2014.
2. Les Murray: Bunyah. Verlag Thomas Reche, Neumarkt 2014.
3. Joseph Roth: Das journalistische Werk. Bertelsmann, Gütersloh 1989.
4. Michael Köhlmeier: Zwei Herren am Strand. Hanser-Verlag, München 2014.
5. Rosa Luxemburg: Briefe. Dietz-Verlag, Berlin 1989-1993.

Michael Gormann-Thelen

1. Frank Portman: King Dork Approximately. Delacorte Press, New York 2014.
2. Julia Kristeva: Teresa, My Love. An Imagined Life of the Saint of Avila. Columbia University Press, New York 2014.

3. Willi Habermann: Das Hohelied schwäbisch gesungen. Salomos Lieder der Liebe. Steinkopf Verlag, Stuttgart 1992.
4. Heiner Müller: Warten auf der Gegenschräge. Gesammelte Gedichte. Suhrkamp Verlag, Berlin 2014.
5. Vladislav Chodasevic. Europäische Nacht. Ausgewählte Gedichte 1907- 1927. Arco Verlag, Wuppertal 2014.

Beate Middeke
1. Nadeschda Mandelstam: Erinnerungen an Anna Achmatowa. Suhrkamp Verlag, Berlin 2011.
2. Arnold Stadler: Auf dem Weg nach Winterreute. Jung und Jung, Salzburg 2012.
3. Ulrike Edschmid: Das Verschwinden des Philip S. Suhrkamp Verlag, Berlin 2013.
4. John Williams: Stoner. dtv, München 2014.
5. Susan Sonntag: The Doors und Dostojewski. Hoffmann und Campe, Hamburg 2014.

Frank Wierke
1. Tokutomi Roka: Natur und Menschenleben. Dieterich'sche Verlagsbuchhandlung, Mainz 2008.
2. Murasaki Shikibu: Die Geschichte vom Prinzen Genji. Manesse, Zürich 1966.
3. John Cowper Powys: Glastonbury Romance. Hanser, München 1995.
4. Godela Unseld: Wegerich und Schlangenhaut. Suhrkamp, Frankfurt 2000.
5. Detlef Kuhlbrodt: Umsonst und draußen. Suhrkamp, Berlin 2013.

Kerstin Zimmermann
1. Bill Bryson: Eine kurze Geschichte der alltäglichen Dinge. Goldmann, München 2011.
2. Bill Bryson: One Summer: America 1927. Doubleday, New York 2013.
3. Bill Bryson: Shakespeare. The World as a Stage. Harper, London 2007.

Die Beiträger.
*

ANNE BERESFORD, geb. 1929 in Redhill Surrey, studierte in London Theater und Musik und arbeitete als Schauspielerin für den Rundfunk und die Bühne. Sie war mit Michael Hamburger verheiratet und lebt in Suffolk. Ihre zahlreichen Gedichtbände sind in den „Collected Poems" versammelt, denen die vorliegende Auswahl mit freundlicher Genehmigung der Autorin entnommen ist. Im BABEL Verlag, Fuchstal, sind die zweisprachigen Ausgaben „Sonnenlicht im Obstgarten" (2011) und „Vor acht Leben" (2014) erschienen.

JÜRGEN BRÔCAN, geb. 1965, Schriftsteller, Übersetzer, Kritiker, lebt in Dortmund. Die Gedichtsammlung „Holzäpfel" ist in Vorbereitung bei der Edition Rugerup.

THOMAS JOSEF WEHLIM, geb. 1966 in Witten. Vater Deutscher, Mutter Engländerin. Kindheit und Jugend im Rheinland. Studium der Mathematik in Mainz. Seit 1996 wohnhaft in Leipzig. Schreibt Prosa, Lyrik, Theaterstücke. Veröffentlichungen in zahlreichen Literaturzeitschriften und Anthologien. 2. Preis beim Irseer Pegasus Januar 2011 (für Kurzprosa). Zuletzt erschienen seine Romane „Legende von Schatten" (2013) und „Eisenbahnzüge" (2015) in der Edition Rugerup.

CARSTEN ZIMMERMANN, geb. 1968 in Bonn, lebt in Berlin. Er studierte Philosophie, neuere deutsche Literatur und Soziologie. Zu seinen bisherigen Veröffentlichungen gehören ein Band mit Essays und Aphorismen, ein Roman und zwei Gedichtbände, zuletzt: „das transparente" (Lyrikedition 2000, München 2014).

LISA ELSÄSSER, geb. 1951 in Bürglen, Kanton Uri, absolvierte zunächst eine Ausbildung zur Buchhändlerin und Bibliothekarin, bevor sie von 2005-2008 am literaturinstitut Leipzig studierte. Sie hat drei Gedichtbände und zwei Prosabücher veröffentlicht, zuletzt „Feuer ist eine seltsame Sache" (Rotpunktverlag, Zürich 2013) und „Da war doch was" (Wolfbach, Zürich 2013).

KJARTAN HATLØY, geb. 1954, wuchs in Hyllestad auf, Provinz Sogn og Fjordane, Westnorwegen, wo er auch heute lebt. Nach dem Studium arbeitete er auf einer Schiffswerft, später betrieb er den Kleinbauernhof seiner Eltern und schrieb nebenher. Seit einigen Jahren lebt er als freier Schriftsteller. Er debütierte 1996 mit der Gedichtsammlung „Solreven". Die hier mit freundlicher Genehmigung des Autors übersetzten Gedichte stammen aus „Mi meinings hus" (2014), seinem zehnten Gedichtband.

KLAUS ANDERS, geb. 1952, lebt in Neuwied, Dichter und Übersetzer. Seine deutsche Fassung der Tagebücher von Olav H. Hauge erscheint demnächst in der Edition Rugerup.

ULRICH KAHMANN, geb. 1952, wohnt in Herford. Lehraufträge an mehreren Hochschulen in Deutschland und Österreich, Arbeiten für den Hörfunk als Musikautor mit den Schwerpunkten Bach-Söhne und Gordon Sherwood. Zuletzt erschien von ihm die Monographie: „Wilhelm Friedemann Bach. Der unterschätzte Sohn" (Aisthesis, Bielefeld 2010).

SUSANNE SINN, geb. 1964 in Bruchsal, lebt in Tübingen. Studium der Medienwissenschaft / Medienpraxis an der Uni Tübingen, Diplom 1996. Arbeit in einem Dokumentarfilmkollektiv. Autorin und Redakteurin. Zweijähriges Studienprojekt ‚Literarisches Schreiben' (2010-2012). Auftragsarbeiten für die Filmproduktion Gretafilm, Stuttgart. Textarbeit für Theater- und Kunstprojekte. Veröffentlichungen in der Anthologie „Versnetze", hrsg. von Axel Kutsch, 2011, 2012 und 2013.

KLAUS WILDENHAHN, geb. 1930, Wahlhamburger; nach dem Weltkrieg längerer Aufenthalt in England; zurück in Deutschland erste Filmreportagen für den NDR; frühe Faszination für das angloamerikanische „Direct Cinema"; wird zum Pionier dieser dokumentarischen Form in Deutschland; erarbeitet als Filmemacher in Festanstellung u.a. „Was tun Pina Bausch und ihre Tänzer in Wuppertal?" und „Reiseführer durch 23 Tage im Mai". Die Gedichte sind mit Genehmigung des Autors seiner demnächst im Verbrecher Verlag erscheinenden Sammlung „Abendbier in flacher Landschaft" entnommen.

MICHAEL GIRKE, geb. 1962, Herforder Autor und Filmkritiker, setzt mit dem vorliegenden Beitrag seine in „offenes feld" Nr. 1 begonnene „Poetologie des Mündlichen" fort.

Impressum.
*

Herausgegeben von Offenes Feld e.V., Herford
Redaktion: Jürgen Brôcan, Frank Wierke
Beirat: Klaus Anders, Michael Girke
Mitarbeit: Kerstin Zimmermann
Gestaltung: Grafikdesign Holger Drees, Dortmund

Der Verein Offenes Feld dient als Forum für die Diskussion,
Korrespondenz und Vermittlung zwischen den Künsten.
Die Mitglieder kommen aus allen Bereichen der Kultur.

Weitere Informationen und Bestellmöglichkeiten:

www.offenesfeld.de

Heft Nr. 3
April 2015

Herstellung: Books on Demand GmbH, Norderstedt
Printed in Germany
ISBN: 9783734786013